AF474640

RECHERCHES
SUR LES DROITS
DE
GRUERIE, GRAIRIE, SÉGRAYRIE, TIERS ET DANGER, ET TIERS-DENIER.

RECHERCHES

SUR LES DROITS

DE

GRUERIE, GRAIRIE, SÉGRAYRIE, TIERS ET DANGER, ET TIERS-DENIER;

PAR LE C. ANGEBAULT,

Chef du Bureau des Eaux-et-Forêts au Ministère des Finances.

PARIS.—AN XI.

RECHERCHES
SUR LES DROITS
DE
GRUERIE, GRAIRIE, SÉGRAYRIE, TIERS ET DANGER, ET TIERS-DENIER.

LE domaine percevoit, sous le nom de droits de gruerie, grairie, ségrayrie, tiers et danger, et tiers-denier, diverses portions sur le prix des ventes des bois et forêts qui y étoient assujettis. Tous ces droits m'ont paru n'être qu'un seul et même, désigné par des dénominations différentes dans les provinces où ils avoient lieu.

Celui de tiers et danger consistoit dans le tiers et le 10e. du prix de la vente, et n'étoit connu qu'en Normandie. Il y est presque totalement éteint, depuis l'édit de 1673, qui a obligé les propriétaires des bois à en faire le rachat.

Le tiers-denier n'avoit lieu que dans la Lorraine, le Clermontois, partie du Barrois, et quelques villages du pays Messin.

Le domaine y prélevoit le tiers du prix des coupes des bois et des autres fruits communaux, lorsqu'ils étoient vendus. Il n'y prenoit rien, quand les habitans les partageoient entre eux, pour leur usage. Les haut-justiciers jouissoient du même droit, dans l'étendue de leurs hautes-justices.

La loi du 28 mars 1790, l'a supprimé *à l'égard des bois et autres biens qui sont possédés en propriété par les communes ;* elle l'a conservé *quant aux bois et autres biens dont elles ne sont qu'usagères.* Mais, depuis cette loi, il a cessé entièrement d'être perçu.

Ceux de gruerie, grairie et ségrayrie, n'existent que dans les anciennes provinces de l'Isle-de-France, Picardie, Soissonnois, Champagne et Orléannois. La part du propriétaire de ces droits n'est pas la même dans toutes.

Dans l'Orléannois, il prend moitié du prix des bois tenus en gruerie, le 5e. dans ceux tenus en grairie, et le 20e. seulement dans ceux tenus en ségrayrie. Dans les autres provinces, il y a plus de variation encore. Ici le droit de gruerie est du tiers, là du quart et du 5e.; ailleurs il est des deux tiers; dans d'autres bois il est du quint et du 20e., ou du 20e. seulement, etc.

Plusieurs édits ont ordonné l'aliénation de ces droits; d'autres ont prescrit le partage des bois et la vente de la part échéante au domaine. Ces édits, qui sont de 1555, 1571, 74, 75, 1602 et 1619, ont eu en partie leur exécution dans l'Isle-de-France, la Picardie, le Soissonnois et la Champagne.

Mais ces droits ont été considérés comme inaliénables, de même que les autres domaines. D'autres édits postérieurs ont ordonné que le domaine rentreroit dans ces aliénations. Néanmoins, il est resté peu de ces droits dans ces provinces.

Dans l'Orléannois, aliénés d'abord, mais réunis plus exactement au domaine, ils s'y sont maintenus presque en entier, jusqu'au moment où la perception en a cessé dans les bois ecclésiastiques et de quelques émigrés, par la confusion qui s'est faite de l'entière propriété de ces bois, dans la même main qui percevoit les droits.

Ceux qui existent encore font un objet de revenu très-intéressant. Dans la seule forêt d'Orléans, ils avoient lieu sur plus de 56,000 arpens; ils s'étendent encore sur environ 30,000, qui, pour l'an 8, ont produit, en droits de gruerie, grairie, et ségrayrie, près de 110,000 fr.

Le droit de tiers-denier a produit, en 1789, 260,000 fr. non compris le Clermontois, qui appartenoit à la maison de Condé, ni ce qui étoit perçu par les hauts-justiciers patrimoniaux.

Dans tous ces bois et forêts, le domaine jouissoit en outre de la justice, de la chasse, de la paisson et de la glandée.

Depuis les loix qui ont prononcé la suppression des droits féodaux, les propriétaires des bois assujettis à ceux de gruerie, grairie et ségrayrie, en ont d'abord assez généralement consenti la perception sans réclamer; mais aujourd'hui, cherchant à s'y soustraire, ils leur supposent un teinte de féodalité, à l'ombre de laquelle ils voudroient les faire comprendre dans ceux qui ont été supprimés.

J'ai donc à rechercher s'ils participent de la nature des droits féodaux abolis, ou s'ils doivent être considérés comme faisant une portion intégrante du domaine.

Beaucoup d'auteurs ont parlé des droits de gruerie; aucun d'eux ne l'a fait que d'un manière hypothétique. Ils ne sont même pas d'accord sur leur étymologie, ni sur leur origine. Tous les font remonter aux premiers temps de la monarchie, et conviennent qu'il n'existe pas de titres positifs pour en déterminer et l'époque et la véritable nature. Je me reporterai comme eux à l'instant de l'invasion des Gaules par les Germains, et j'espère trouver assez de lumières, dans les chartres, dans les procès-verbaux de réformations des forêts, dans les autorités et les monumens de l'histoire que j'ai consultés, pour démontrer que ces droits sont plus modernes, qu'ils ont leur source dans la pieuse libéralité ou dans les concessions gratuites des rois ou des anciens grands vassaux, et qu'ils font une partie inséparable du domaine national.

Mais pour marcher plus sûrement dans ce dédale, il faut commencer par fixer l'étymologie et le véritable sens des mots par lesquels sont désignées les choses qui font l'objet de mes recherches. Cette discussion, quoique pénible et grammaticale, est nécessaire pour écarter des inductions que l'on voudroit tirer de la fausse étymologie que quelques-uns leur supposent ; elle sera d'ailleurs d'autant plus utile, qu'elle donnera des connoissances préliminaires propres à faciliter la discussion principale.

Je rechercherai en second lieu dans quelles mains la conquête des Gaules et les événemens qui l'ont suivie ont fait passer les forêts.

En troisième lieu, comment les concessions que les rois et les grands propriétaires ont faites de parties de leurs forêts, ont donné naissance aux droits de gruerie.

En quatrième lieu enfin, je discuterai la véritable nature de ces droits, et j'examinerai si, dans l'état actuel de notre législation, l'on peut ou non en exiger le paiement.

CHAPITRE PREMIER.

Etymologie des mots de Gruerie, Grairie, Ségrayrie, etc.

L'ÉTYMOLOGIE des mots *gruerie*, *grairie*, *ségrayrie*, *tiers et danger*, *verdiers*, *forestiers* et l'ancienne signification de quelques-uns d'eux, sont enveloppés de ténèbres difficiles à percer. Si l'on en croit les divers étymologistes, ces mots ne sont pas latins ; il n'y en a pas, dans cette langue, qui désigne l'homme préposé à la garde ou à l'administration des bois. Il est reconnu que les mots *forêts*, *forestiers* ne dérivent d'aucuns de ceux employés par les Latins pour caractériser ce genre de propriété. Viennent-ils du Celtique, langue originaire des Gaulois, ou du Tudesque, langue apportée dans les Gaules par les Francs ?

Les Romains mirent, suivant leur usage, toute leur application à détruire ces langues pour y substituer la leur ; et comme les Gaulois n'écrivoient rien, ni loix civiles, ni loix religieuses, ni aucuns actes, le Celtique étoit presque anéanti à l'arrivée des Francs.

Quant au Tudesque, soit sa rudesse, soit sa

pauvreté, soit l'intérêt qu'avoient les ecclésiastiques à maintenir la langue latine, celle-ci a prévalu, malgré les efforts que firent Chilpéric et Charlemagne, pour établir la première. Le Tudesque et le Celtique sont donc disparus presque entièrement : il n'en est resté que des mots dégénérés par le mélange des deux langues, soit entre elles, soit avec la Latine. Ce n'a été que vers 11 ou 1200 que la langue Françoise, composée des trois, est devenue prédominante.

Quoi qu'il en soit, quelques-uns de ces mots sont relatifs aux choses, les autres aux personnes. Celui de gruerie est le nom de la fonction qu'exerçoit le gruyer; il est aussi celui du droit qui est perçu sur le produit des bois : on les a souvent employés l'un pour l'autre, ce qui a causé une première confusion.

Dans le 12e. siècle, le droit ou la jurisdiction s'appeloit *grueria*. Brussel parle d'une inféodation de ce temps en ces termes : *Dominus de Montmore. Ligius. feodum est grueria et plura alia.* (Brussel, Traité de l'usage des Fiefs, tom. I, p. 42).

Des actes de 1268 et 1287 et un titre du mois de mai 1400, nous aprennent qu'on nommoit le droit alors en latin *gruagium*, en françois *gruage*. Le commandeur de St.-Jean de Senlis possédoit une pièce de bois assise en *gruage* de la forêt d'Halatte, en la *gruerie* du roi. (Lettres d'apanage de Philippe-le-Hardi, — arrêt de Toussaint, reg. *Olim* (réformation de la maîtrise de Senlis).

Le gruyer s'appeloit *gruarius*, ainsi qu'on le voit dans un acte d'échange fait en 1194 par Philippe-Auguste, et dans une charte de ce prince, de 1218. (Brussel, tom. I, p. 449. Ducange, voyez *gruarium*. J'en parlerai ailleurs plus en détail).

Grairie est aussi le nom d'un de ces droits. Les possesseurs des bois en gruerie y attachent beaucoup d'importance, parce qu'il favorise l'étymologie qu'ils font dériver d'*agraria*, afin de pouvoir assimiler ce droit à celui de terrage, de champart, comme *pars agri*.

Le droit de gruerie ou grairie, disent-ils, est une part du prix non-seulement de la vente, mais encore de leurs autres fruits et produits. Or, *ager* étoit le mot générique (*a*) qui désignoit toutes les propriétés rurales; les Romains nommoient *leges agrariæ*, et nous nommons *loix agraires* celles qui les concernent. C'est delà qu'on a fait le mot de *grairie* ou *gruerie*, pour signifier la part du domaine dans les produits des bois sujets à ces droits.

Mais cette hypothèse ne peut pas se soutenir. Les véritables mots, les plus anciens, sont ceux de *gruria*, *gruagium*. Celui de *grairie* est plus moderne; l'Orléanois est presque le seul pays où il soit en usage, ainsi que celui de *ségrayrie.* A l'exception d'un acte de 1213, dont je parlerai relativement aux droits de *gruerie* dans ce pays, c'est dans l'ordonnance de 1583 que je l'ai vu pour la première fois. Ces mots divers ne servent qu'à distinguer la quotité plus ou moins forte du droit. Celui de *gruerie* est de la moitié, celui de *grairie* du cinquième, celui de *ségrayrie* du vingtième : le premier est seul employé dans les coutumes d'Orléans et de Montargis; les autres n'en sont, si je peux parler ainsi, que la monnoie.

Il est vrai que, dans un compte de Champagne, de 1284 (Brussel, tom. I, p. 403), c'est par celui de *graéries* que l'on a désigné les droits perçus sur les bois en *grueric.* Brussel, sur la foi de ce compte, se sert en cet endroit de la même expression. Mais, outre que de l'*a* à l'*u*, on a pu facilement commettre une erreur, on vient de voir que cet auteur lui-même nous indique deux titres beaucoup plus anciens, l'inféodation du seigneur de Montmore et l'échange de Philippe-Auguste, dans lesquels les mots *grueria* et *gruarius* sont employés. Or, cette antériorité d'un siècle, jointe à l'uniformité de tous ces mots *grueria*, *gruerie*, *gruage*, *gruarius*, *gruyer*, tous écrits avec un *u*, ne permet pas d'adopter, pour leur étymologie, celui d'*agraria*, qui exigeroit impérativement un *a*, et qui avoit son application particulière.

On croiroit plus facilement au système qui les

fait dériver de *drus*, mot grec qui signifie chêne, ou de *druyde*, le nom de ces prêtres jadis si célèbres. Mais s'ils avoient une étymologie aussi ancienne, on les trouveroit dans les capitulaires, et on ne les voit dans aucuns ; ce qui prouve que l'origine de ces droits ne remonte pas jusqu'à eux.

Nous verrons par la suite que la jouissance des droits d'usage concédés dans les forêts s'appeloit *usuarium;* que l'officier chargé d'empêcher les abus des usagers et de les punir par des amendes, dont une partie lui appartenoit, se nommoit *gruarius.* Le droit de jouissance *usuarium* n'auroit-il point donné naissance, au moyen d'un léger changement, au nom de l'officier *gruarius*, et celui-ci au nom du droit et de la jurisdiction *gruria ?* Usuarium, gruarius, gruria, gruagium, gruyer, gruerie, telle me paroît être, sans la vouloir chercher si loin, l'origine de ces mots. Si on les fait sortir *d'agraria*, il faut supprimer le premier *a*, et changer le second en *u ;* si on les fait sortir de *drus* ou *druyde*, il faut changer le *d* en *g*. N'est-il pas aussi simple de changer les deux premières lettres d'*usuarium*, dont l'ancienne composition a pu même aider à ce changement ?

A l'égard de ceux de *tiers et danger*, le premier est clair. Comment le second exprime-t-il dixième ? c'est ce qu'il est inutile de chercher.

Celui de *tiers-denier* porte avec lui sa signification.

Les mots *forestier* et *forêts* méritent davantage

notre attention. La fausse application que des auteurs estimés en ont faite, a donné lieu de la part des possesseurs des bois en gruerie, à une objection que l'on ne peut détruire qu'en rétablissant le véritable, le seul sens que puissent avoir ces mots dans les titres anciens.

Lebret, Pecquet et autres ont prétendu qu'anciennement nul ne pouvoit posséder, planter, ni laisser croître de forêts en haute futaie, qu'en vertu de permission des rois ou des grands vassaux. On en a conclu que les droits de *gruerie* tiroient leur origine des charges qui étoient imposées pour prix de ces permissions, et que ces charges, comme les permissions, n'étoient qu'un abus de la féodalité. Ils appuient cette doctrine, récemment adoptée par des jurisconsultes en réputation, sur une loi des Francs, intitulée *de forestibus noviter institutis*, (4ᵉ. liv., chap. 19; c'est le chap. 42, éd. de Baluze), et qui s'exprime ainsi : *Ut quicumque illas habet, dimittat, nisi judicio veraci ostendere possit, quod per jussionem sive permissionem domini Caroli genitoris nostri eas instituisset.* Cette disposition est répétée au titre *de forestibus dominicis* du même livre (chap. 65 et 22 du capitulaire de Louis II, an 819), où il est dit : *De forestibus nostris, ut ubicumque fuerint diligentissime inquirant quomodo salvæ sint et defensæ, et ut comitibus denuntient nullam forestam noviter instituant et ubi noviter institutas sine nostra jussione invenerint, dimittere precipiant.*

Ces auteurs ont cru que les mots *forestibus* et *forestam*, qui se trouvent dans ces capitulaires, vouloient dire ce que nous entendons aujourd'hui par *bois* et *forêts*. C'est une erreur facile à démontrer.

Foresta, vient d'un vieux mot tudesque qui signifoit *en defens*. Il s'appliquoit, principalement, à ce que nous appelons *garennes et pêcheries*. On l'a depuis appliqué aux bois et même aux domaines. (Ragueau *verbo* Forestier.) Il convient à tous ces objets, dans ce sens qu'il étoit défendu de pêcher dans les étangs et viviers du roi, du seigneur ou d'autrui, de chasser, de faire paître ses bestiaux, de prendre du bois dans leurs forêts, sans leur permission et d'exercer un parcours sur leurs domaines. De-là vient que l'on dit encore *bois ou domaines défensables*. Le préposé à la garde des pêcheries, des garennes ou forêts fermées, étoit nommé *forestarius*. On a depuis étendu ce nom au garde des bois et des domaines, et l'on en a fait en françois le mot *forestier*.

Les capitulaires de Charlemagne établissent, de la manière la plus claire, la véritable application de ces mots aux objets de chasse et de pêche, et la distinction réelle qui existe entre eux et celui de *sylva*, seul et uniquement employé alors pour caractériser les bois et tout ce qui pourroit y avoir rapport.

L'article X du capitulaire *de Villis*, met au

nombre des agens employés à l'administration des domaines du prince, des forestiers, *forestarii ;* on va voir incessamment quelles étoient leurs fonctions : « *Ut nullus judex*, dit l'art. XI, *mansionaticos ad suum opus, nec ad suos canes, super homines* » *nostros atque inforestos nullatenus procedat.* (tom. I, » col. 331. ») Il est évident, d'après ce texte, que le mot *forestos* ainsi rapproché de celui de *canes*, ne peut avoir de rapport qu'aux chasses.

On lit à l'art. XXXVI : « Ut *sylvæ*, *vel forestes* nostræ benè sint custoditæ ; et ubi locus » fuerit ad stirpandum stirpare faciant et campos » de *sylva* increscere non permittant. Et ubi *sylvæ* » debent esse, non eas permittant nimis capulare » atque damnare, et feramina nostra intra *forestes* » bene custodiant. Similiter accipitres et spervarios ad nostrum profectum provideant ; et *causa* » nostra exindè diligenter exactent. Et judices » si eorum porcos ad saginandum in *sylvam* nostram miserint, vel majores nostri, aut homines » illorum, ipsi primi illam decimam donent ad » exemplum, etc. »

A l'art. LXII : « Ut unus quisque judex.... » *quid de censis.... de feraminibus in forestis nostris* » *permissocaptis.... quid de forestibus.... habuerint.....* » nobis notum faciant, etc. »

A l'art. XXXIX du capitulaire de 802, col. 374 : « *Ut nemo feramina furetur, in forestibus dominicis.* »

A l'art. XVIII du deuxième capitulaire de 813, col. 510 : De *forestis*, « ut *forestarii* bene illas de-
» fendant, simul et custodiant *bestias et pisces*. Et
» si rex alieni intus *foreste feramen* unum aut magis
» dederit, amplius ne precedat quam illi datum
» sit. »

A l'art. XIX : « In *forestis* mansum regale et
» ibi *vivaria cum piscibus* et homines ibi manent......
» et ubicumque invenient utiles illos homines
» (villicus bonus sapiens et prudens) detur illis
» *sylva* ad stirpandum, ut nostrum servitium im-
» melioretur. »

Par ces loix de police, faites pour le gouvernement de ses domaines, Charlemagne recommandoit à ses juges, qui en étoient en même-temps les intendans, de faire garder avec exactitude ses bois, ses chasses et pêcheries, *sylvæ et forestes*. D'abord il les dénomme conjointement ; mais quand il entre dans le détail de ce qui concerne chacune d'elles, tout se divise, tout se sépare clairement. Là où il peut être avantageux de défricher des bois ; là où un villageois bon, sage, prudent, utile, peut être établi, ce prince veut qu'on fasse des défrichemens, afin d'améliorer son service : ailleurs il les défend, il ne veut pas que les terres cultivées soient augmentées aux dépens des bois. Dans ce sens, comme dans celui où il prescrit à ses juges de payer la dîme des porcs qu'ils mettoient dans ses bois, c'est toujours le mot *sylva* qui est employé.

Mais veut-il parler de ce qui est relatif à ses chasses et pêcheries, *feramina*, *accipitres*, *spervarios*, *vivaria*, *bestias et pisces*, par-tout les mots *forestos*, *forestis* et *forestes*, sont mis au lieu de celui de *sylvæ*.

L'art. LXII contient, dans le plus grand détail, tous les objets de ses revenus, dont Charlemagne veut que ses juges l'instruisent. Les bois ne produisoient rien alors que le cens, payé par les particuliers auxquels il accordoit la permission d'y envoyer leurs porcs pacager. Les garennes et pêcheries donnoient pour produit, le prix des bêtes et des poissons qu'on vendoit pour le compte du roi. Delà cet article intime aux juges l'obligation d'informer ce prince de ce qu'avoient produit les uns et les autres : *quid de censis*, pour les bois, *quid de feraminibus*, *quid de forestibus*, pour les garennes et les pêcheries.

Le *glossarium Pithæi*, col. 721, tom. II, parle d'une pragmatique de Childebert, où le mot *forestis* n'est employé que pour désigner une pêcherie : « Has omnes piscationes quæ sunt et fieri » possunt, in utrâque parte fluminis, sicut nos » tenemus et nostra *forestis* est, *tradimus ad ipsum* » *locum* (*b*). »

Charlemagne et Louis-le-Débonnaire, (capitulaires, tom. I, col. 443, art. XI, et col. 687, art. VII,) en faisant le partage de leurs états entre leurs enfans, leur recommandent de n'acheter, ni d'accepter le don d'aucuns biens, ni forêts situés dans les royaumes les uns des autres. *Ut nullus ex eis fratribus suscipiat de regno alterius, a quolibet homine, traditionem seu venditionem sylvarum.* C'est encore ici le mot *sylva* qui est employé dans ces actes.

De toutes les formules qui sont imprimées à la suite des capitulaires, il n'en est pas une où l'on trouve le mot *foresta*, toutes se servent du même mot *sylva*, pour désigner les bois.

Je pourrois citer encore un compte des domaines de Philippe-Auguste, rendu en l'an 1202 (Brussel, *in fine*), qui établit entre ces mots la même distinction, et de manière à ne pas laisser de méprise sur leur application véritable (*c*).

Je citerois enfin (*d*) une série d'actes de ces temps reculés, dans lesquels les bois ne sont jamais désignés que par les mots *sylvæ*, *nemora*, *bosci*. On y verroit que le premier mot a été le seul usité jusques vers 1100; que celui de *foresta* n'a été employé que postérieurement et concurremment avec les premiers, pour signifier bois et forêts, qu'il n'a prévalu qu'à l'instant où les actes commençant à être écrits en françois, sous le règne de Saint Louis, on a insensiblement et par analogie aux chasses et garennes, donné aux bois le nom de forêts.

Il

Il n'est pas facile de suivre, chez une nation naissante, les variations successives de son langage, lorsque sa langue primitive pauvre et dure, est dominée pendant plusieurs siècles et écartée de tous les actes, par une langue riche et douce, en possession du pays dans lequel cette nation vient s'établir. Quand sa langue se compose du mêlange et de la corruption des deux, on peut s'égarer sur la trace des mots originaires; mais ici trop d'actes concourent à nous éclairer sur celle du mot *foresta*, pour ne pas être convaincus qu'il a dévié dans sa route, et qu'il a aujourd'hui un sens qu'il n'avoit pas dans son origine.

Il suit de cette discussion, que les auteurs, ainsi que les jurisconsultes dont j'ai parlé, n'ont pas saisi ce véritable sens, et que les défenses faites par les loix des Francs, ne peuvent s'appliquer aux bois, même de haute-futaie, mais seulement aux pêcheries ou aux garennes. Ce sont ces derniers objets qui étoient établis sans la permission des rois, qu'elles enjoignoient de détruire. Ces injonctions se sont renouvelées d'âge en âge, et répétées jusque dans l'ordonnance de 1355, contre les *ducs*, *comtes*, *barons et autres nobles*, et même contre *les maîtres des eauës et forêts*, *qui s'efforçoient de jour en jour d'estendre et accroître les garennes anciennes*, *et de faire et accroître nouvelles garennes*, *pourquoy l'on ne pouvoit labourer profitablement les terres et champs*, *ains demeuroient perdus et gastés* (art. XIII).

On ne trouve nulle part de semblables défenses, relativement aux forêts ; et certes, dans un temps où la France en étoit couverte, on ne devoit pas être très-empressé d'en établir de nouvelles ; je doute que la sollicitude des rois ait eu besoin de s'étendre jusqu'à vouloir l'empêcher. Je vais démontrer, dans le chapitre suivant, qu'il étoit permis à tous indistinctement d'en posséder.

CHAPITRE II.

Dans quelles mains, après la conquête des Gaules, les Forêts sont-elles passées ?

IL y avoit 4 à 500 ans que les Romains étoient maîtres des Gaules, quand elles furent envahies par les peuples sortis des forêts de la Germanie, les Goths ou Visigoths, les Bourguignons et les Francs. Les premiers pénétrèrent dans les provinces du midi, et fondèrent le royaume d'Aquitaine ; les seconds s'établirent sur les bords de la Saône et du Rhône, et formèrent celui de Bourgogne. Clovis amena les Francs jusqu'à Paris, et étendit sa domination sur les rives de la Seine, de la Loire et de la Manche.

Les simples citoyens romains avoient des forêts ; elles étoient comprises dans les dénombremens qui étoient ordonnés pour l'assiette de l'impôt : *Pascua, quot jugerum esse videantur; item sylvæ cæduæ.*

Les Goths et les Bourguignons partagèrent les terres et les bois avec les Romains; ils prirent les deux tiers des terres et la moitié des bois : *medietatem sylvarum ad Romanos generaliter præcipimus pertinere* (loi des Bourg. chap. LIV, §. I et II). Cependant il en resta d'indivises (quelques-unes seulement; la loi dit, *quæ indivisæ forsitan resederunt*) entre les Goths et les Romains, suivant une loi intitulée : *de sylvis inter Gothum et Romanum indivisis relictis*, liv. X, tit. I.

On ignore quel fut le partage que firent les Francs. Les uns leur font l'honneur d'une plus grande modération; ils disent que ces peuples se contentèrent des terres dont le fisc romain et les garnisons jouissoient, et laissèrent le reste aux vaincus. D'autres prétendent qu'ils prirent tout ce qu'ils voulurent; chose beaucoup plus vraisemblable, et plus dans le génie d'une nation qui ne connoissoit que le butin et le pillage. (Esprit des loix, t. IV, p. 12. Mably, Observ. sur l'hist. de France, liv. I, chap. II, t. I, p. 189 et suiv.)

Quoi qu'il en soit, de même que les Goths et les Bourguignons n'avoient pas dépouillé les Gaulois et les Romains de toutes leurs propriétés territoriales, de même les Francs leur en laissèrent une très-grande quantité. Mais ces peuples nomades, habitués à vivre des produits de leurs troupeaux et de leurs chasses, ne dûrent pas, dans ce partage, négliger les bois. L'attention particulière avec laquelle les rois et les seigneurs, en les concédant par la suite, se réservèrent la chasse, la paisson et la glandée, prouve combien ces forêts leur étoient précieuses.

La loi des ripuaires, chap. LXXVI, t. I, col. 50, donnée par Dagobert, en 630, distingue trois sortes de forêts, les forêts communes, celles du roi, et celles de tout autre particulier : *Si quis ripuarius in sylva communi seu regis vel alicujus locata, materiamen vel ligna fissa abstulerit, quindecim solidis culpabilis judicetur.*

Le prince et les leudes eurent les forêts qui se trouvèrent dans les arrondissemens de leurs terres ; il en fut réservé de communes pour la multitude, à laquelle il ne fut donné que des terres labourables, avec la faculté d'envoyer ses troupeaux pacager dans les forêts, et d'y prendre du bois pour son usage.

La jouissance de ces forêts, pour le peuple, se bornoit donc, dès ce temps, à des pâturages ou à d'autres usages qui avoient leurs règles, puisqu'il y avoit des peines prononcées contre ceux qui se permettoient d'en excéder les bornes.

Peuplades indépendantes, mais errantes au gré de leurs chefs (Cæsar, de Bello Gallico, lib. VI) ; habituées à cultiver une année les terres qu'ils leur indiquoient, et à les abandonner l'année suivante, pour en labourer d'autres qui leur étoient de même désignées; des hommes de ce caractère ne se rendirent pas exigeans lors de ce partage: des droits d'usage leur suffirent.

A l'égard des anciens possesseurs, s'il est vrai que les Francs usèrent de plus de modération que les Goths et les Bourguignons, ils dûrent leur conserver au moins la moitié des bois. Les ecclésiastiques avoient dès-lors des propriétés importantes: Clovis et ses Francs, en adoptant la religion chrétienne, dûrent les respecter. On sait que ce prince et ses successeurs augmentèrent les dotations des églises, et firent beaucoup de fondations pieuses, dont un grand nombre de forêts firent partie. Il n'est presque pas une charte qui ne contienne ces mots: *cum terris cultis et incultis*, *vineis*, *pratis*, *sylvis*, etc. Mais, à différentes époques, ces biens furent ôtés aux églises et distribués aux gens de guerre. Par la suite, elles en recouvrèrent une partie et en acquirent de nouveaux.

D'un autre côté, les rois et les grands vassaux concédèrent une grande quantité de leurs domaines et de leurs forêts, à titre de bénéfice; ces concessions d'abord faites pour un temps ou à vie, tantôt ils les reprenoient, même avant l'époque déterminée, pour les donner à d'autres; tantôt trop peu puissans pour se faire obéir, ils étoient forcés, par les révoltes de ces nombreux feudataires, de renoncer à leur droit de réversion. Au milieu de cette anarchie, Charles-le-Chauve jugea qu'il n'avoit rien de mieux à faire que de déclarer les bénéfices et comtés héréditaires. A la fin de la seconde race, chacun finit par demeurer propriétaire irrévocable des terres et des bois qu'il possédoit. Les rois n'avoient plus ni domaines, ni forêts; ils les recouvrèrent sous la troisième race.

C'est ainsi que les forêts ont été divisées entre un grand nombre de possesseurs, qui les tenoient ou d'ancienne origine, ou des premiers partages, ou des concessions devenues héréditaires. Il n'a donc point fallu de permission particulière pour en posséder, même à l'origine de la monarchie.

On a vu que, du temps des Romains, les forêts étoient assujetties au cens, en raison de la quantité d'arpens que chacun en possédoit, et que les Germains en laissèrent au moins la moitié aux habitans des Gaules. On a vu que Charlemagne et Louis II prescrivirent à leurs fils de n'accepter ni le don, ni la vente d'aucune forêt, dans les royaumes les uns des autres, *à quolibet homine*. On a vu encore, par le capitulaire de Dagobert, qu'il existoit des forêts communes, des forêts du roi, et des forêts appartenantes à tout autre, *vel alicujus*. Ajoutons que, dans l'art. XXI du concile de Paris 615 (capitul., tom. I, col. 24, art. XXI), il est dit que les porchers du roi ne pourront envoyer les porcs dans les forêts des églises ou des particuliers sans leur permission : *Porcarii fiscales in sylvas ecclesiarum aut privatorum, absque voluntate possessoris in sylvas eorum ingredi non præsumant.* Ces expressions *quolibet homine, vel alicujus, sylva privatorum*, ne laissent aucune incertitude sur la faculté qu'avoit tout homme, tout particulier de posséder des forêts.

Les communes ont dû en avoir plus tard. Avant que Louis-le-Gros les eut établies (il a régné depuis 1108 jusqu'en 1137.) elles n'avoient aucuns domaines. Toutes les propriétés appartenoient individuellement aux habitans, et non à des corps politiques qui n'existoient pas. Les communes n'ont donc pu obtenir leurs forêts que de la libéralité des rois ou des seigneurs, soit laïques, soit ecclésiastiques qui les possédoient avant elles, si ce n'est celles dont elles ont pu faire l'acquisition.

On m'objectera sans doute que les forêts communes, dont l'existence est prouvée par le capitulaire de Dagobert, étoient la propriété de la généralité des habitans; qu'elles ont dû devenir alors celle de ces corps politiques, c'est-à-dire, des communes; et l'on ne manquera pas d'ajouter que les rois et les seigneurs s'en étoient emparés en vertu de la puissance féodale.

Cette objection ne pourroit avoir d'importance que par rapport au droit de tiers-denier perçu en Lorraine sur les bois des communes; car il y a peu de bois communaux dans les autres provinces où les droits de gruerie et de tiers et danger ont été ou sont encore connus, et ils n'ont jamais été assujettis à ces droits.

Mais si le capitulaire de 630 parle de forêts communes, il parle en même temps de celles du roi et des particuliers. Les rois ont pris des moyens pour conserver et faire garder les leurs : *Ut sylvæ bene sint custoditæ.... ut campos de silva increscere non permittant, et.... non eas permittant nimis capulare atque damnare*, capitulaire de Villis. Les grands vassaux et les particuliers ont pris les mêmes mesures; la longue et paisible possession de tous fait présumer qu'elle remonte jusqu'à l'époque de la loi qui leur reconnoît ce genre de propriété.

Mais que sont devenues les forêts communes ? De cette immense quantité de bois dont la France étoit couverte alors, une grande partie est disparue ; les forêts communes ont dû disparoître les premières. Abandonnées sans aucune précaution à l'usage le plus funeste pour elles, celui du pâturage des bestiaux, et à tous les abus dont aujourd'hui même le gouvernement a bien de la peine à les défendre, elles ont été bientôt dépouillées de leur superficie; dans une infinité de cantons de la France, on cherche un grand nombre de forêts dont les noms leur survivent à peine.

Les mesures de conservation qui ont été prises pour empêcher la destruction de celles que les communes ont possédées depuis, démontrent l'insouciance au moins des habitans pour leurs bois communs. Malgré la rigueur des règles, et l'exactitude de la surveillance, combien encore d'abroutissemens, de défrichemens, de coupes frauduleuses et arbitraires ! Combien de fois enfin il a fallu *fermer* les forêts aux usagers pour les préserver de leur destruction totale !

Il est donc plus que vraisemblable qu'au temps de Louis-le-Gros, les forêts communes étoient déjà converties en cultures, landes ou pacages. Chaque habitant s'étoit emparé de ce qui étoit à sa convenance, et, en le cultivant, en avoit fait sa propriété privée.

A cette époque les grandes cités étoient encore en petit nombre, et toutes ces communes, aujourd'hui si multipliées, ne se sont établies que postérieurement et successivement. Enfin, plus de lumières, des vues plus saines, une révolution entière dans les esprits, amenèrent un ordre de choses plus pacifique et plus stable. Le fléau des guerres fut moins fréquent, moins meurtrier; la population s'accrut; on favorisa de nouveaux établissemens, de nouveaux défrichemens. Les religieux qui les avoient commencées attiroient des habitans près d'eux : les rois, les seigneurs en appeloient autour de leurs demeures, dans leurs domaines : des sites commodes et agréables engagoient des particuliers à s'y fixer. Toutes ces peuplades, isolées d'abord, ont, avec le temps, formé des villages et des villes, et de proche en proche, ont couvert la France d'habitations.

Mais dès-lors les grandes propriétés étoient constituées; les possesseurs connoissoient des limites. On ne peut pas soutenir que les terres même incultes et les forêts étendues, qui étoient renfermées dans leurs enceintes, n'en fissent pas partie. On ne connoissoit plus les forêts communes; et si l'on vouloit supposer qu'elles eussent été usurpées par ces grands propriétaires, ces usurpations remonteroient à des temps si éloignés et si obscurs, elles seroient couvertes par tant d'actes récognitoires, par tant de loix émanées de la puissance publique, qu'il seroit impossible de ne pas reconnoître aujourd'hui leur possession comme légitimée par toutes ces circonstances. Si l'on ne respectoit pas un état de choses aussi ancien, je demanderois à quelle époque il faudroit se fixer pour poser la base des propriétés, et dans quelles loix chercher un texte qui détermineroit le nécessaire, au-delà duquel le superflu appartiendroit à tout le monde.

En considérant donc ces propriétés comme incontestables, ainsi qu'elles le sont en effet, soit à cause du voile du temps, soit en vertu d'un droit devenu le droit commun de la Nation et proclamé depuis par elle, dans les assemblées générales; il faut reconnoître que, dans un État quelconque, dès que la société est assez formée pour y consacrer, par des loix positives, la nécessité des partages, le droit de céder, à son gré, tout ou partie du lot échu, et celui de punir les pertubateurs, on ne connoît plus de terres *nullius*, ni le droit de s'emparer des biens incultes lorsqu'ils ont un maître.

Ainsi les habitans en particulier, soit appelés par leur propre choix, soit invités par les ecclésiastiques, par les rois ou les grands propriétaires, ne purent obtenir de propriété ou de jouissance dans les forêts, qu'au moyen de concessions que ceux-ci leur firent. Il en a été de même lorsque ensuite ils ont été réunis en assez grand nombre pour former des communes : et ceux qui leur faisoient ces concessions, les accordoient plutôt comme propriétaires que comme possesseurs de fief.

A l'appui de ces principes du droit public, je citerai l'exemple des États-Unis d'Amérique, qui ne sont pas suspects en fait de principes libéraux. Devenus possesseurs de terres et de forêts immenses, ils n'ont pas souffert que qui que ce fût se mît en possession de la moindre parcelle, sans leur autorisation. Ils les ont vendues et les vendent journellement à ceux qui se présentent; ceux qui en acquièrent des lots très-étendus, en traitent ensuite avec qui et ainsi que bon leur semble.

Mais pourquoi porter nos id ées au - delà des

mers, lorsque nous pouvons parler aux yeux ? La France contient encore aujourd'hui de vastes étendues de terres qui peut-être n'ont jamais été labourées. Voudroit-on les livrer au droit du premier occupant ? Nos assemblées législatives ou conventionnelles, quand elles ont fait cesser celui du seigneur, ont-elles entendu faire revivre ce droit meurtrier, la source de toutes les discordes ? Non : elles ont senti qu'il falloit, non-seulement ordonner le partage des communaux, mais encore le soumettre à des formalités, et le faire de la manière la plus conforme à la justice.

Ce partage n'a pas eu lieu par-tout. Là où la population n'étoit pas en proportion avec l'étendue de ces terres en friche, la plus grande quantité est restée indivise. Ces portions non partagées sont-elles la propriété des communes ou celles de l'État ? Si l'un des riverains vouloit, sans aucune forme, y mettre la charrue, il seroit, aux termes de nos loix modernes, poursuivi comme un usurpateur.

Ce que l'on feroit aujourd'hui, on l'a fait dans nos premiers siècles. Les rois et les grands vassaux étoient reconnus propriétaires des forêts; ils en ont concédé, soit aux habitans en particulier, soit aux habitans en corps de communes. Les actes de concession, qui existent, démontrent à-la-fois et la nécessité dans laquelle on étoit d'obtenir des titres, et celle où chacun doit être d'en produire, pour prouver que sa possession est légitime.

Ce n'est donc qu'à dater de leurs chartes d'érections, que les communes ont obtenu ou des droits d'usage ou la propriété même des forêts. Du moins est-il constant qu'il est une multitude de petites communes, dont l'origine est connue, qui ne peuvent les devoir qu'à des concessions ou à des acquisitions. Des erreurs, que je ne releverai point, peuvent faire varier un instant sur les vrais principes; mais elles ne peuvent avoir aucun empire sur les faits. Or, les faits démontrent que ce n'est point du droit féodal que les rois et les grands propriétaires tenoient leurs forêts, mais du partage qui a suivi la conquête, et que les communes formées à une époque où toutes les propriétés étoient occupées, n'ont pu en obtenir des portions que de la volonté des possesseurs.

CHAPITRE III.

Comment les concessions que les rois et les grands propriétaires ont faites de parties de leurs Forêts, ont donné naissance aux droits de Gruerie.

On convient assez généralement que les terres qui furent données aux leudes ou grands vassaux, furent libres de toutes prestations, autres que celles du service militaire, ou de quelques obligations à remplir envers la personne du prince. Mais ceux qui reçurent leurs partages dans les domaines dépendans de ces terres ou de celles du prince; les possesseurs anciens qui conservèrent une partie de leurs héritages, furent-ils chargés de cens? Montesquieu, Mably, Hervé, ne sont pas d'accord sur ce point. Ce dernier (1) cite une foule d'actes desquels il semble résulter que les anciens, comme les nouveaux propriétaires, de quelque origine

(1) Théorie des mat. féod., t. V, p. 21 et suiv.

Cet excellent ouvrage n'a paru que quelques années avant la révolution. Il ne lui a manqué que le temps pour lui acquérir toute la considération et tout le poids qu'il mérite.

qu'ils fussent, payoient un cens; que ce cens, qui paroît aujourd'hui fort modique, étoit considérable dans ce temps et proportionné à la valeur des terres, et qu'il faisoit un des grands revenus des domaines des rois. Tous ces auteurs (1) assurent en même-temps que ce cens consistoit en droits économiques et non pas fiscaux; en redevances uniquement privées, et non pas en charges publiques.

Il est certain que Charlemagne en percevoit un relativement à ses forêts. *Et censa nostra exinde (ex sylvis) diligenter exactent.* Mais loin que ce cens prouve qu'il eût aliéné la propriété d'aucune portion de ses forêts, il n'étoit qu'une redevance due par ceux auxquels il y permettoit le pacage de leurs bestiaux ou autres usages. Ses juges étoient chargés d'en surveiller la garde et la conservation. Il paroît qu'ils pouvoient y envoyer leurs porcs gratuitement; car la dîme qu'il leur recommandoit de payer les premiers, pour le bon exemple, étoit due à l'église (*e*).

Dans ce cens, dans ces juges, on peut voir le berceau des droits de gruerie, de tiers et danger et de tiers-denier; de même que celui des gruyers, droits, offices, peu caractérisés d'abord, comme

---

(1) Théorie, etc., t. V, p. 12. Esprit des lois, t. IV, p. 37 et 38. Mably, Observations sur l'hist. de France, t. I, p. 417.

chaque chose à sa naissance, mais dont l'on démêle suffisamment les traits, pour les reconnoître dans le développement qu'ils ont pris avec l'âge. Il ne paroît pas que l'on vendît dès-lors les coupes des bois : les besoins étoient peu nombreux encore ; il en vint ensuite de plus étendus. Les rois, les grands vassaux, accordèrent dans leurs forêts des droits d'usage proportionnés, et les cens ou redevances, ou ce qui en tient lieu, s'accrut dans une égale proportion. Enfin, le moment arriva où les coupes des bois devinrent un objet de lucre et de commerce : de-là d'autres transactions, qui eurent pour objet la propriété du fonds même des forêts.

Mais ce développement fut retardé par les événemens qui suspendirent tout ce que promettoient d'heureux pour la France les beaux jours de Charlemagne. Sous les deux premières races, l'amovibilité fréquente et arbitraire des bénéfices, leur conversion en alleux, celle des alleux en fiefs, les envahissemens répétés des biens de l'église, la servitude, le meurtre, les confiscations, l'anarchie, tant de causes de mutations introduisirent, dans les propriétés, un désordre, une confusion au milieu desquels il est impossible de se reconnoître. Comment, dans ce cahos, assigner un titre aux possesseurs des forêts? Comment trouver l'époque et la nature des charges auxquelles ils furent

furent assujettis, et les bases de la forme qui fut donnée à l'administration des bois ?

Depuis les capitulaires de nos rois, écrits dans le neuvième siècle, la disette d'actes publics nous laisse presque sans guide jusqu'au douzième. La foiblesse de Louis II, qui aliéna tous ses domaines; les troubles et les guerres qui eurent lieu pendant son règne et celui de ses successeurs; ceux inséparables du changement de dynastie, sous les rois de la troisième race; toutes ces circonstances ont concouru à rendre très-rares les monumens écrits pendant ces trois siècles.

En 987, Hugues-Capet, montant sur un trône réduit à la seule ville de Laon, n'y joignit que le duché de France et les comtés de Paris et d'Orléans, dont la possession, d'abord à titre de simple bénéfice dans sa famille, y étoit devenue héréditaire (*f*). Plus de cent ans après lui, on voit encore Louis-le-Gros sans cesse occupé, depuis 1108 jusqu'en 1137, à combattre de simples seigneurs dans les environs de Paris (*g*), pour s'opposer à l'envahissement de ses domaines et de ceux des églises, et pour les contraindre à les restituer.

Philippe-Auguste commença à remettre l'ordre dans les domaines de la couronne. Il les améliora par des échanges, et les augmenta par des acquisitions. Ce fut lui qui acheta les bois de Boulogne ainsi que celui de Vincennes, qu'il fit enclore de murs. Le premier il ordonna la réformation générale de ses forêts, et s'occupa du soin de leur faire produire des revenus d'une autre nature que les cens et redevances de Charlemagne; c'est ce que l'on peut voir dans les comptes de ses domaines, de 1202 et 1217.

J'ai parlé, dans le premier chapitre, page 8, de l'échange que fit ce prince en, 1194, de la terre de Beauquesne avec le comte de Saint Pol. Cet acte porte : *Homines habebunt tale usuarium in nemore quale habebant, ad usus et consuetudines quales gruarius exinde prius habebat. Et si homines forifacerunt in foresta, talem emendationem habebit gruarius qualem prius habebat.*

Nous retrouvons à cette époque, comme au temps de Charlemagne, un fonctionnaire établi auprès d'usagers pour les contenir, auquel des droits utiles étoient attribués, et qui percevoit à son profit tout ou partie des amendes qu'il prononçoit contre ceux qui abusoient de la jouissance *de l'usuarium* qu'ils avoient dans la forêt. Cet acte suppose des droits préexistans, et par conséquent d'autres actes antécédens, soit émanés du pouvoir, soit dépositaires de conventions amiables. Mais, combien de choses se sont établies par un simple consentement tacite, par la seule volonté non contredite! Ces us et coutumes sont devenus des loix, et souvent l'on se fatigueroit en vain à chercher des titres primordiaux, qui peut-être n'ont jamais existé. Ce 12e. siècle, dans lequel les actes publics ont commencé à reparoître, nous en fournit un assez grand nombre, qui nous apprendront ce que celui-ci laisse encore à désirer.

Je ferai remarquer, avant d'aller plus loin, une circonstance assez particulière, c'est qu'on ne trouve les droits de gruerie, de tiers et dangers, et de tiers-denier, que dans la partie des Gaules où les Francs se sont établis, et même dans quelques-unes des provinces seulement soumises à leur domination.

Dans les années 1638, 1663, 1664, 1666 et 1669, il a été fait des réformations générales des eaux-et-forêts ; plusieurs avoient précisément pour objet de connoître quels étoient les bois tenus en gruerie, d'en faire le partage, et ensuite l'aliénation des portions qui échoiroient au roi : il avoit été enjoint aux possesseurs de ces bois de représenter leurs titres.

Les procès-verbaux de ces réformations renferment des extraits de plusieurs de ces titres. Par eux on apprend que des portions de forêts avoient été concédées à des évêques, à des corps ecclésiastiques ou à des particuliers, avec la faculté d'y prendre tout le bois nécessaire pour brûler, bâtir et réparer, et d'y envoyer pacager leurs porcs et leurs bestiaux. Ces concessions ne s'étendoient pas au-delà de ces usages de l'*usuarium* ; cette expression, que je puis appeler technique, est celle qui se trouve dans la majeure partie de ces chartes.

Plusieurs contiennent de plus une clause très-remarquable. Elles défendent aux concessionnaires de vendre, donner, ni défricher aucun bois, sans le consentement du concédant, et elles interdisent à celui-ci même, le droit d'y faire aucune vente ni donation, sans le consentement du concessionnaire. L'on conçoit toutes les entraves que cette prohibition réciproque devoit mettre à la manière la plus naturelle, la plus utile de jouir des forêts, celle d'en vendre les coupes qui excèdent le besoin. Il fallut chercher un moyen de lever ces entraves, et ce moyen fut l'origine des droits de gruerie.

On considéra que, quelque étendus que fussent les droits d'usage concédés, ils ne pouvoient pas emporter la propriété même du fonds. D'un côté, le concédant s'étoit réservé la faculté de faire des ventes à son profit, en demandant le consentement des concessionnaires; de l'autre, il pouvoit mettre tel prix qu'il eût voulu, au consentement que ce dernier devoit obtenir de lui, s'il vouloit vendre. On en conclut avec raison, qu'il avoit entendu par-là conserver une part dans la propriété, ainsi que dans le produit des ventes. D'ailleurs, ces actes contenoient encore la réserve, et quelquefois exclusive pour lui, des droits de pacage, paisson et glandée, celle de la justice, correction et amende. Des réserves de cette espèce achevoient de prouver sans réplique l'intention de retenir au moins une part indivise dans la propriété du fonds et de la superficie.

L'on fit donc de nouvelles conventions : elles varièrent selon les circonstances. Ici le concédant permit au concessionnaire de vendre, quand il voudroit, à condition qu'il lui donneroit une portion du prix ; là il préféra de vendre lui-même et de remettre au concessionnaire la part convenue dans le produit de la vente. Il est aisé de sentir que, dans de pareils contrats faits avec différens seigneurs, qui la plupart étoient souverains, les portions qui furent fixées dans ce produit, ne dûrent pas non plus être les mêmes.

Quand ces nouvelles conventions ne purent se faire à l'amiable, on fit intervenir l'autorité du juge. Les premières chartes qui avoient consacré le principe, servirent de base aux tribunaux pour interprêter les actes de concessions.

C'est de cette espèce de transactions ou de jugemens que dérivent les droits de gruerie. Point de violence, point de puissance féodale, point de chartes, point de loix impératives, ni générales. Ils sont la conséquence ou l'interprétation juste, naturelle et simple de la volonté originaire des parties. Ce raisonnement aura bientôt acquis le dernier degré de conviction, lorsqu'on aura vu le détail des titres analysés dans les procès-verbaux de réformation dont j'ai parlé.

Je les considérerai : 1°. Par rapport aux droits de gruerie.

2°. J'en ferai l'application à celui de tiers et danger.

3°. A celui de tiers-denier.

Je distinguerai encore les droits de gruerie de l'Orléannois, de ceux des autres provinces ; je commencerai par ces derniers.

SECTION PREMIÈRE.

§. Ier.

Des Droits de Gruerie dans l'Isle-de-France, le Valois, la Champagne, etc.

1°. EN 1214 (Réformation de Senlis, 1638), l'évêque de Senlis obtint des lettres de Philippe-Auguste, par lesquelles ce prince lui permit de vendre ses bois situés entre Senlis et la rivière d'Oise, à condition qu'il lui donneroit le quart et le vingtième du prix de la vente. Appelé pour produire les titres en vertu desquels il jouissoit de ses bois en gruerie, il représenta lui-même cette charte, qui convertit en droit de gruerie la défense de vendre ses bois sans permission.

2°. L'année précédente, le même prince avoit donné au chapitre de la même ville, le pouvoir d'user de deux pièces de bois, à la charge qu'il n'en pourroit vendre, donner, ni essarter, sans son consentement. Lors de la réformation, le chapitre prétendit que, depuis plus de trois cents ans, il n'avoit vendu aucun bois, qu'ainsi on ne devoit pas considérer les siens comme bois en gruerie. Mais on lui appliqua le principe de la co-propriété, résultante de l'obligation où il étoit d'obtenir le consentement du roi pour y faire des ventes, principe consacré par les lettres accordées en 1214 à son évêque, et il fut jugé que ces bois devoient être partagés.

3°. Le même principe fut appliqué à plusieurs autres possesseurs de bois, soit ecclésiastiques, soit laïques, qui depuis long-temps même payoient les droits de gruerie, et la plupart y acquiescèrent sans aucune opposition.

4°. Les choses ne se passèrent pas si facilement avec l'abbaye de Longpont, située près la forêt de Villers-Cotterets. (Réformation de Villers-Cotterets, 1669).

Par des lettres de 1154, l'évêque de Soissons certifia que Raoul, comte de Vermandois, avoit approuvé et ratifié les aumônes que son père et lui avoient faites à cette abbaye; savoir le plein usage, tant en bois vif que mort, et le pâturage dans Retz, forêt de Sainte-Marie, à prendre dans la moitié de la garde que lui avoit confiée le comte Raoul.

En 1163, ce même Raoul explique ses intentions en ces termes : « *Usuarium* forestæ ad pascua

» suorum animalium, sicut tempore patris mei » habuerunt, concessi etiam de mortuo nemore, » *quantum necesse est ad usus suos.* Prædicta qui» dem ecclesia *habet nemora sua in foresta mea quæ* » *fratribus licet neque dare, neque exstirpare, neque ven-* » *dere, neque in eis novalia facere, sine ascensu et li-* » *centia mea, neque similiter ibi quidquam facere pos-* » *sum sine ascensu eorum*, in quibus tamen fratres » possunt capere rationabiliter de *vivo nemore quod* » *necesse fuerit ad usus ecclesiæ* ».

Ces lettres furent confirmées successivement en 1171, 1183 et 1212. Dans ces dernières données par la comtesse de Saint-Quentin, dame de Valois, elle déclara en outre que le bois Dementart et celui qui ferme l'abbaye du côté de la forêt, appartenoient aux religieux.

Saint-Louis, en 1236, y ajouta le droit de pacage sur deux cent quarante-six arpens de bois près la clôture de l'abbaye, avec retention de justice et la clause qu'ils ne pourroient rien vendre, donner ou essarter audit bois sans sa permission.

Des différens s'élevèrent entre Charles de Valois et les religieux sur les droits et priviléges que ceux-ci prétendoient avoir dans ces bois. Il en naquit une instance qui fut terminée par un arrêt du parlement, du 3 juin 1317. Cet arrêt porte que le bois de Dementart est le propre bois des religieux, auquel le comte ne peut faire vente sans leur consentement, et qu'ils ne peuvent aussi vendre, donner, essarter; pourquoy le sergent doit avoir serment audit comte.

Que le comte seul a droit de faire vente quand bon lui semble, dans les bois du Trèsfonds de l'abbaye qu'il dénomme tous, *retenant les deux parts du prix ; et donnant l'autre, par ses mains, aux religieux.*

Cet arrêt fixe les droits d'usage, pacage, pâturage, bois mort et vif qui sont conservés aux religieux, pour les nécessités de l'église et de leurs maisons.

Il attribue au comte tout panage, chasse et garenne, toute cour, jurisdiction, correction, toute amende et forfait dans tous lesdits bois : il défend que le sergent ait aucune part dans l'amende.

Cet arrêt, semblable aux actes précédens, convertit, quant à la majeure partie des bois de cette abbaye, la clause prohibitivé de les vendre, en une portion du prix des ventes, et attribue pour l'avenir, au comte seul, la faculté d'y faire ces ventes quand bon lui semblera. Cet arrêt, en un mot, est moins un jugement conforme aux titres, qu'une interprétation de l'intention première des parties, faite pour rendre à leur jouissance une liberté, que trop d'attachement à la lettre ne leur laissoit pas.

Il peut être assimilé à ceux connus, depuis

quarante ou cinquante ans, sous le nom d'arrêts de cantonnemens, qui, dénaturant aussi le premier titre, donnent aux usagers une portion de la propriété en remplacement de leurs droits d'usage, et laissent au propriétaire la libre jouissance du surplus de ses bois. Ces arrêts ou transactions ont toujours été reconnus si justes, qu'ils sont autorisés encore aujourd'hui par nos loix les plus modernes.

5°. Souvent même il n'a pas été jugé nécessaire que les anciens titres défendissent aux concessionnaires de vendre sans le consentement du concédant, quoiqu'ils ne cédassent véritablement que des droits d'usage. Il a suffi que l'on y entrevît une espèce d'intention de concéder une portion du fonds, pour en attribuer une aux concessionnaires dans le prix des ventes; c'est ce qui a été fait pour le prieuré de Saint-Georges, dans la même forêt de Villers-Cotterets. Voici comment s'exprime la charte de la donation que le comte de Vermandois lui avoit faite en 1135. (Même réformation).

« Nemus quod dicitur Sancti Georgii præbere
» et in omni pace habere et perpetuo possidere
» concessimus et quibus necessaria fuerint, tam ad
» comburendum, quam ædificiis sibi construendis,
» in eo accipiant, cum constitit idem nemus ex
» nostrâ concessione ab hominibus nostris ei da-
» tum fuisse, contulimus etiam monachis, in

» forestâ nostrâ pro porcis suis propriis pascua » perpetuo possidenda ».

Le commencement de ce titre sembloit en effet donner la propriété du bois *nemus perpetuò possidere.* Mais immédiatement après, il explique ce qu'il donne, et ce n'est plus qu'un droit d'usage, *necessaria.... tam ad comburendum quam ædificiis*, etc.

Cependant le grand-maître, par un jugement de 1524, confirma ce prieuré dans ses usages, et y ajouta le tiers du prix des ventes qui s'y feroient. Aussi le procureur-général se porta-t-il appelant de ce jugement; mais un arrêt du parlement, du 9 août 1666, accorda au prieuré la jouissance provisoire de ce tiers; jouissance qui paroît être devenue définitive par le temps.

Une semblable contestation s'éleva avec l'abbaye de Saint-Médard de Soissons, en faveur de laquelle il est aussi intervenu un arrêt également provisoire.

6°. Je regrette de n'avoir pu, malgré toutes mes recherches, me procurer, sur les bois des particuliers, des titres aussi formels que sur ceux des ecclésiastiques. Il en fut produit (même réformation) par les seigneurs de Gaune, d'Ormoy, du Plessis, de Mongobert et autres, mais ils ne sont pas si anciens, et leur analyse ne fait pas connoître le genre, ni les clauses des concessions primitives. Ces actes de 1334, 1350, 1500 et 1657, n'attribuent que des droits d'usage; comme ils réservent aussi, pour le domaine, les deux tiers dans le prix des ventes, ils donnent lieu de supposer des arrangemens antérieurs, semblables à ceux que l'on vient de voir.

On pourroit bien présumer ici une autre origine, d'après la charte de 1218, déjà citée, pag. 8 : « *Gruarii nemoris prædicti habebunt... sexaginta ar-* » *pennos nemoris prænominati, pro gruario suo* ». Des gruyers jouissoient, pour leur droit de gruerie, d'une certaine quantité d'arpens des bois soumis à leur garde et jurisdiction. Ne pourroit-on pas penser qu'ils auront fini par garder, comme propriété patrimoniale, les bois qu'ils n'avoient que pour leur salaire, et qu'ils auront ensuite été confirmés dans cette propriété, moyennant la réserve d'une partie du prix des ventes ?

Les arrangemens qui ont été faits (réformations de Crécy en 1664, de Villers-Cotterets en 1669, de Provins en 1666, et de Troyes en 1663); en 1212 par le comte de Saint-Pol, avec l'abbaye de Farmoutier, pour la forêt de Crécy; en 1111, 1219 (ces deux premiers titres ne donnoient que des droits d'usage) et 1406, avec celle de Valsery; en 1230 et 1239 par le comte de Champagne, avec l'abbaye de Jouy, pour la forêt du même nom; et en 1250 avec l'abbaye de Molesme, pour les bois de Rumilly; tous concourent à prouver de plus en plus la manière dont les concessions originaires étoient vues alors et comment elles ont été, volontairement et d'un commun accord, converties en droits de gruerie.

Saint-Yon, il est vrai, considère la charte de l'abbaye de Molesme, comme un acte d'association qu'elle a consentie, pour obtenir la protection et sauve-garde du comte. Voici la clause sur laquelle il fonde cette opinion, et telle qu'il la rapporte, (titre 24, liv. 1, art. VII) : » *De dictis nemoribus* » capient dicti monachi quidquid sibi necesse fuerit » *ad usum* prioratus... *pro omnibus aysanciis suis faciendis*... similiter ego et hæredes mei comites » Campaniæ, omnem *usuarium* in dictis nemoribus » habebimus pro aysanciis nostris faciendis... de » nemoribus vero supradictis *ego nec hæredes mei* » *alicui conferre aliquid poterimus sine assensu abbatis* » *et conventus prædictorum*, *similiter ipsi dare non* » *poterunt sine assensu meo et hæredum meorum*, etc. »

Il seroit important de connoîrre en entier les dispositions de cette charte. Je n'ai pu la trouver; mais rien dans la clause citée par Saint-Yon, n'annonce une association. D'ailleurs, elle ne devoit pas être onéreuse pour l'abbaye de Molesme, si l'on en juge par celle qu'elle avoit faite en 1223, avec le même comte Thibault, pour les terres et seigneuries d'Essoyes et Verpillières. (Réformation de la maîtrise d'Essoyes). La charte dit que *deux portions* seulement des bois en dépendans appartenoient à l'abbaye, que *le reste* étoit de l'ancien domaine de Champagne, et que le comte en jouissoit avant comme bien patrimonial. Dans ces associations chacun mettoit du sien, et il ne faut pas les confondre avec les avoueries qui transmettoient aux seigneurs des domaines considérables, pour le seûl prix de leur protection.

J'ai lu la donation que le comte de Champagne fit à cette abbaye en 1108, de la terre et des bois de Rumilly : *Trado igitur*, y est-il dit (*Annales des Bénéd.* tom. V, p. 671), *et gratanti animo concedo... villam quæ dicitur Rumilianus... tam in nemoribus, quam in agris.... in omni usu consuetudinario.*

Toutes ces donations ont eu long-temps besoin d'être confirmées de règne en règne. Celle-ci l'a été en 1219 (Réformat. de la maîtrise de Troyes), par la comtesse Blanche; en 1250, par la charte dont nous parlons; en 1284, par Philippe fils de France; et en 1328, par Philippe-le-Bel. Chacune de ces chartes confirmatives pouvoit introduire des changemens dans la jouissance de biens concédés aussi volontairement, *gratanti animo*, sans qu'on puisse en accuser la puissance féodale.

On aura donc regardé la donation de 1108, du moins à l'égard des bois, comme faite seulement à titre d'usage, *in omni usu consuetudinario.* Dès 1219, la comtesse Blanche déclaroit qu'ils étoient en sa gruerie tenue desdits religieux. Il n'est donc pas étonnant qu'en 1250, le comte Thibault ait réduit leur jouissance aux bois nécessaires pour toutes leurs aisances; qu'il se soit attribué le même droit, et qu'il y ait ajouté la clause en usage dans ces temps, portant la défense respective de rien donner de ces bois sans le consentement l'un de l'autre.

Ce qu'il y a de certain, c'est que peu après les religieux ont payé le droit de gruerie aux comtes de Champagne, pour la permission qu'ils obtenoient de lui de vendre ces bois. Brussel, t. II, p. 403, cite le compte des revenus de cette province, de l'année 1284, où l'on trouve, au chapitre intitulé *Graéries : Don bois l'abbé de Moloismes dit le joene Deffois de Rumilly, vendu à Pierre fils Luques Brayer, por la dernière paie C sols.* « Le roi, dit Brussel en » cet endroit, ou le haut seigneur avoit droit de » *graérie* dans les bois des seigneurs particuliers » de son territoire, c'est-à-dire, de partage dans » le produit de leur vente, *en considération de la » permission qu'il accordoit de la faire* ».

Cet auteur a donc apperçu la cause des droits de gruerie dans la *permission* accordée de faire des ventes dans les bois. Il semble présenter cette permission comme étant généralement nécessaire pour tous les bois des seigneurs particuliers du territoire; d'où l'on pourroit conclure qu'elle étoit une suite de la dignité ou de la puissance royale ou féodale. Mais il est constant, et on le verra encore mieux dans la suite, que cette permission n'étoit donnée que pour les bois tenus en gruerie.

Je puis donc m'appuyer de l'opinion de cet

auteur, en la renfermant dans les bornes qu'elle doit avoir, d'après les faits et les titres; je puis soutenir qu'en effet les droits de gruerie dérivent de la permission accordée aux possesseurs, d'abord simplement usagers, de faire des ventes dans les bois de gruerie; et que la condition mise à cette permission, est d'autant plus légitime, que l'une et l'autre ne sont, à proprement parler, que le résultat ou l'exécution de la concession originaire.

§. II.

Des droits de Gruerie, dans l'Orléannois.

LES réformations des eaux-et-forêts de ce pays, ne fournissent pas les mêmes secours que les précédentes. On n'y trouve que la date des titres qui ont été produits par les possesseurs des bois, sans aucune analyse. Je n'en excepte que ceux du chapitre de Chartres et de l'abbaye de Saint-Mesmin-de-Mixi, qui peuvent donner quelques éclaircissemens sur l'ancienneté de ces droits (Vol. des jugemens rendus en 1716 et 1717.)

Le chapitre de Chartres possédoit une pièce de bois dans la forêt d'Orléans, Garde-de-Goumats proche Jagré; il prétendit, lors de la dernière réformation, être exempt des droits de gruerie; il produisit, pour le justifier, des lettres-patentes, en latin, du 1er. avril 1317, par lesquelles Philippe V confirme la donation que *Hugues, duc et*

marquis

marquis de France, lui avoit faite de tous les droits de propriété de domaine, de gruage, de danger, ou sous quelques autres raisons que ses prédécesseurs avoient ou pouvoient et devoient avoir, au temps de la naissance de la contestation sur cette pièce de bois. Telles sont les expressions que l'on remarque dans le vu du jugement rendu en 1716, en faveur de ce chapitre. Cette charte porteroit à croire que les droits de *gruerie* et de *danger*, existoient du temps que Hugues jouissoit du duché d'Orléans à titre de bénéfice ; c'est-à-dire, au commencement du 10e. siècle.

L'abbaye de Saint-Mesmin éleva la même prétention pour tous les bois qu'elle possédoit dans le domaine de Beaugency. Elle produisit : 1°. Une charte du roi Robert, de 1022, confirmative des privilèges accordés à cette abbaye par les rois Clovis et Charles-Auguste, et qui fait défenses à ses officiers de lui donner aucun trouble, ni *exiger d'elle aucune chose, soit pour les terres, soit pour les bois, soit pour les eaux de son domaine.* 2°. Un acte en forme de transaction, du mois de mai 1213, par lequel Jean-de-Beaugency quitte et abandonne à cette abbaye, *tous droits de grairie dans toutes les forêts qu'elle possédoit, etc.* Se réservant seulement la faculté d'y pouvoir chasser. 3°. Des lettres de ratification d'août 1246, par le fils du sire du de Beaugency, et d'octobre même année, par Saint Louis.

De ces actes, je n'ai trouvé d'abord que la charte de 1022. (Ann. des Bénéd. tom. IV, pages 706 et suiv.) Elle ne contient que la défense générale d'exiger aucun droit, coutume ou rédhibition sur les eaux et les forêts de l'abbaye de Saint-Mesmin. *Ne. . . . . de aquis vel silvis aliquid exigere præsumat, aliquam legem vel consuetudinem aut redhibitionem accipere vel exigere.* Quoiqu'on y voye que cette abbaye possédoit beaucoup de bois, elle ne dit pas un mot, ni de gruerie, ni de grairie. Il en existe plusieurs du même temps et d'antérieures, qui font des défenses semblables, et qui entrent dans de grands détails sur les droits dont elles accordent l'exemption; dans aucune, je n'ai rien vu qui puisse donner l'idée de l'existence de ceux de gruerie à cette époque.

Ce silence m'a rendu circonspect sur la foi que je devois donner à la charte de Hugues-le-Grand, relatée dans celle de Philippe V, citée par le chapitre de Chartres. Ce qui m'inspiroit plus de soupçon, c'est qu'il y est parlé d'un droit de *danger* sur une pièce de bois située dans la forêt d'Orléans, tandis que ce droit, particulier à la Normandie, n'a jamais eu lieu dans l'Orléanois.

Je suis parvenu à me procurer ces deux chartes, et de plus une troisième de Henri Ier., en date de 1048. (Bibl. nat. manuscrits.)

La première contient, dans le plus grand détail, la donation que Huges-le-Grand fit du domaine d'Ingré à ce chapitre, en 946, *cum terris cultis et incultis*, *vineis*, *pascuis*, *puteis*, *silvis*, *etc.* Il ne s'y trouve pas un mot qui prête même à l'idée, ni de *gruerie*, ni de *danger*.

La charte de 1048 déclare, que le chapitre doit jouir de ce domaine, libre et exempt de toutes sortes de droits : il n'y est pas mention non plus de ceux de *gruerie*.

On apprend, par celle de 1317, qu'il s'éleva des contestations entre le chapitre et les agens du fisc, qui vouloient assujettir ses bois d'Ingré à ces droits. Le chapitre produisit la charte de 946, pour prouver qu'au temps de la concession, on ne les y avoit pas soumis. Le roi déclara que son intention étoit qu'aucun droit de *gruerie*, ni de *danger* fût exigé sur ces bois ; qu'il remettoit celui qu'il auroit pu y prétendre, et qu'il vouloit que le chapitre en usât avec pleine liberté.

Les droits de gruerie n'existoient donc, ni en 946, ni en 1048. Hugues-le-grand n'a pu assujettir les bois d'Ingré à des droits inconnus alors, et Philippe-le-Long, déterminé par les actes précédens, qui accordoient à ce domaine l'exemption de toutes charges et rétributions quelconques, est le premier qui y ait ajouté celle des droits de gruerie établis depuis. Si cette dernière charte parle du *danger*, c'est sans doute parce que le chapitre jouissoit d'autres bois en Normandie, et qu'on aura voulu, par le même acte, l'exempter même de ce dernier droit.

Je suis donc fondé à dire que les droits de gruerie ne remontent pas au-delà du 12e. siècle dans l'Orléanois, pas plus que dans les autres provinces.

Ils y étoient connus en 1213, comme on l'a vu par la transaction de l'abbaye de St.-Mesmin.

Saint Louis les donna nommément en apanage, en 1268, à Philippe son fils : « *Concedimus*.....
» Vitrianum in Lagio et villam Xantecuris, *cum om-*
» *nibus griagiis ejusdem*, et tres partes forestæ totius
» nostræ Lagii (c'étoit alors le nom de la forêt
» d'Orléans, forêt des Loges), Gastinasio propin-
» quiores, *cum griagiis omnibus boscorum omnium*,
» infrà metas ipsarum trium partium contentorum;
» quarta parte ipsius forestæ Lagii, Aurelianis pro-
» pinquiore, nobis retentâ, *cum omnibus griagiis*
» *ipsius quartæ partis*, quam ab Aurelianis nolumus
» separari. » (Brussel, tom. II, page 46, *in fine.*)

Ainsi Saint Louis, en 1268, donnoit en appanage à son fils, les trois quarts de sa forêt d'Orléans, avec tous ses droits de gruerie, et retenoit l'autre quart avec les mêmes droits.

Les coutumes de Montargis et d'Orléans, réformées, l'une en 1531, la seconde en 1583, fixent la valeur de l'arpent de bois, selon qu'il est ou non situé en gruerie; savoir : à 4 sous pour les bois hors gruerie; à 2 sous pour ceux en la forêt et gruerie d'Orléans ou de Montargis ; et en Sologne, où il y a gruerie, à 3 sous, c'est le seul cas où elles en parlent.

La réformation d'Orléans, de 1543, l'annonce comme un droit ancien et non contesté.

Des édits de 1555, 1571, 1572 et 1575, ont ordonné le partage des bois en gruerie, et la vente ou l'échange de la portion du roi. Peu de partages, peu d'échanges furent faits, encore moins d'aliénations. Les officiers des maîtrises représentèrent combien cette opération introduiroit dans la forêt de propriétaires indépendans, dont les bois mêlangés avec ceux du domaine, seroient la source des plus grandes dévastations. Un nouvel édit de 1581, ordonna même la réunion des parties de ces bois qui avoient été vendus, ce qui fut effectué.

Quant à l'administration de ces bois, elle fut reglée, comme celle des autres de ce genre, par les ordonnances de 1346 et 1376.

Par l'art. II de la seconde, un maître fut créé pour le pays d'Orléans.

Par l'art. XLVIII, les fonctions des maîtres de grueries étoient d'empêcher les délits et abus que commettoient les *domaniers* (1), et de percevoir

---

(1) Le domanier ou très-foncier, est le possesseur du fonds.

le prix des ventes, dont la part revenant au roi, étoit remise à son vicomte ou receveur.

Par l'art. L, il fut défendu aux domaniers de faire aucune vente *sans le congé* du roi, comme *autrefois étoit ainsi fait en ce cas.*

L'art. LI, déterminoit tous les détails que le domanier devoit remettre par écrit aux maîtres, sur les parties des bois qu'il vouloit couper et vendre, *à ce que les maistres voient le lieu et les jetées et en sachent répondre.*

Toutes ces dispositions étoient le résultat *des causes que l'on avoit apperçues en réformant le fait desdites forêts.* Art. L.

De cet historique que doit-on conclure ?

Je pourrois, comme tant d'autres, établir un systême qui seroit plus vraisemblable que celui qui fait dériver ces droits de la puissance féodale.

On ne contestera pas que la ville et la forêt d'Orléans, devinrent le domaine propre et particulier des premiers rois de France, sur-tout si l'on se rappelle que cette monarchie fut divisée en plusieurs royaumes, par les partages qui s'en faisoient entre leurs enfans ; que la ville d'Orléans fut à plusieurs reprises la capitale d'un de ces royaumes, et que ce duché avoit été concédé, à titre de bénéfice, aux ancêtres de Huges-Capet, qui le réunit au domaine de la couronne en montant sur le trône de France.

Tous conviennent encore que la forêt étoit

autrefois beaucoup plus étendue qu'elle ne l'est aujourd'hui (*h*). Elle a donc éprouvé des diminutions considérables, ce qui n'a pu se faire que par des concessions ou des usurpations.

Je dirois donc : Pendant l'anarchie qui a signalé le commencement du règne féodal, beaucoup de familles, fuyant le fléau des guerres civiles, ont été chercher le calme dans cette forêt immense. Cachées à l'ombre de ses bois, elles ont défriché, cultivé les terres en paix, et s'y sont formé des propriétés à ses dépens. Dans les parties qui les avoisinoient, elles prenoient le bois nécessaire à leurs usages, elles faisoient librement paître leurs bestiaux.

Lorsque Philippe-Auguste a commencé à ressaisir cette autorité que doit avoir le chef d'un grand empire, il a pris un soin particulier de ses domaines ; il a ordonné la réformation de ses forêts. On a pris connoissance de ces établissemens nouveaux, formés dans celle d'Orléans, on les a confirmés et même leurs usages dans la forêt, à la charge d'abord de ne pouvoir rien vendre sans la permission du roi, et ensuite de payer à ses receveurs une partie du prix de la vente.

J'appuierois ce système sur des exemples fréquens de semblables établissemens dans les forêts : pour me borner aux plus récens, que tout le monde peut vérifier, je citerois ceux des forêts de Tronçais et autres du Département de l'Allier. Ceux-ci n'ont pas eu la même issue, parce que les bois, inaliénables d'ailleurs, deviennent rares de plus en plus en France; on a pris le parti d'expulser ces familles, et de détruire les loges qu'ils y avoient construites.

Mais si l'on ne veut pas croire à ce systême, il ne reste que l'alternative de celui des concessions, à la charge d'une portion dans le prix des ventes. Voici ce que dit encore la même réformation : « A la fin des siècles 11 et 1200, les » rois commencèrent à souffrir que la forêt fût » défrichée en certains climats, qu'ils accordèrent » à des religieux par piété, ou à des officiers de » guerre par inféodation.....

» Les princes en tenoient dès-lors *la propriété* » de telle importance, qu'ils n'abandonnoient » que les places vaines ou abrouties, et les terres » en nature de labourage, sans comprendre que » très-rarement....... les fonds en nature de » bois. »

Ces concessions ne furent faites qu'à un certain nombre de familles; mais *l'entreprise et l'usurpation des particuliers*, les partages ou les ventes qui ont eu lieu depuis dans une aussi longue révolution de siècles, les ont divisées au point où elles le sont aujourd'hui.

Il est certain que Philippe-Auguste a fait réformer ses forêts; si l'art. L, de l'ordonnance de 1376, n'en donnoit pas une preuve suffisante, on en verra une complète dans la section qui suit. Il est certain, comme on l'a vu dans la précédente, que c'est par suite de ces réformations, et sous son règne, que les droits de gruerie furent établis dans les provinces de l'Isle-de-France, du Valois, etc. Il est encore certain qu'ils n'y sont qu'une suite de concessions originaires, faites à la charge du consentement aux ventes.

Enfin, il est certain que ce même consentement exigé pour les ventes des possesseurs des bois en gruerie, dans l'Orléanois, remonte au-delà de 1376; c'est-à-dire, à l'époque à-peu-près où nous y trouvons les droits connus. De tant de circonstances qui sont les mêmes, qui se rapprochent et par leur nature et par le temps, la conclusion devient forcée, que ces droits sont les mêmes par-tout, qu'ils ont la même origine et la même cause.

Je conviens que ces rapprochemens ont pour base principale des titres ecclésiastiques. Cela vient de ce que les réformateurs se sont plus occupés de ces bois que de ceux des particuliers; de ce que les titres de ceux-ci étoient suppléés par les aveux et dénombremens; de ce que ceux des ecclésiastiques sont consignés en partie dans des bibliothèques ou dépôts publics, ce qui ne se trouve pas pour les autres. Mais je ne vois aucune raison d'établir une différence entre les deux espèces de propriété. Toutes deux chargées du même droit, toutes deux régies de la même manière, en vertu des mêmes loix, dont l'une a déjà six à sept cents ans de date, leur qualité de laïques ou d'ecclésiastiques est tout-à-fait indifférente à la chose.

SECTION II.

Du droit de Tiers et Danger.

J'AI dû parler ici du droit de tiers et danger, quoique presque éteint; il fortifie, par les conséquences que fournissent les circonstances qui lui sont particulières, ce que je dis de ceux de gruerie et de tiers-denier.

L'ordonnance de 1669 (art. VII, tit. XXIII), avoit déclaré le droit de tiers et danger, général et universel sur tous les bois de la Normandie, excepté les morts bois et ceux plantés à la main. Les réclamations que cette prétention avoit depuis long-temps fait naître se renouvelèrent. Par un édit de 1673, il fut reconnu que ce droit n'étoit *royal*, *général ni universel*, et qu'il n'appartenoit au roi, que *comme faisant partie de ses domaines*. Cet édit l'abolit, mais il oblige tous les possesseurs de bois dans cette province, à le racheter, sur la déclaration qu'ils seroient tenus de faire de la continence, essence et qualité de leurs bois.

Le clergé refusa de s'y soumettre. *Sans rechercher*, disoit-il, dans ses remontrances, l'*origine de ce droit*, *comment et quand il a été établi*, etc. (Arrêt du conseil du 9 septembre 1675). Sans doute il fit alors tout ce qu'il put pour parvenir à cette découverte, afin d'en tirer quelques moyens de se soustraire à ce rachat : ou ses efforts furent vains, ou ils ne lui furent pas favorables. Cependant les titres dont il étoit possesseur devoient lui fournir de grandes lumières, mais il ne vouloit pas les représenter ; il soutenoit que la chose étoit impossible à la plupart, et qu'il ne devoit pas la déclaration de ses biens, ni par conséquent celle de ses bois.

Un arrêt du conseil, du 9 sept. 1675, lui enjoignit de rapporter, par-devant les grands-maîtres, les titres et pièces justificatives de ses droits de chauffage et d'usage ; et à l'égard des taxes faites pour raison du droit de tiers et danger, le renvoya par-devant la commission établie, *pour lui être fait droit sur ses titres et pièces.*

On ignore s'il aura représenté ces titres et pièces ; on n'a pu en retrouver la trace, et l'on est réduit à raisonner d'après les monumens publics. Le premier est la charte aux Normands, donnée en 1155 par Henri II, roi d'Angleterre. Il y est dit (Brussel, tom. II, p. 1re., *in fine*) : *Nec nos, nec ballivi nostri capiemus alienum boschum ad castrum vel alia agenda nostra, nisi per voluntatem illius cujus illud boschum fuerit.* En prenant cet engagement, ce prince n'auroit pas manqué, si le droit de tiers et danger eût existé dès-lors, de consacrer en même temps les exceptions reconnues par Louis - Hutin, dans sa charte de 1315. Il y déclare (art. IX et X) que deux sortes de bois en sont exemptes; savoir, les morts bois dont le premier article désigne sept espèces, et les bois anciennement plantés à la main. (2e. charte aux Normands).

Cette seconde charte suppose ce droit préexistant. En effet, l'arrêt de Toussaint, 1287, que j'ai cité p. 7, porte: « Ordinatum fuit quod in omnibus » forestis in quibus dominus rex habet *gruagium*, » *tertium et dangerium* vel aliquam partem usagia- » riis qui habent ibi usagium ad ardendum et ædi- » ficandum fiant livreie, per forestarium in uno » loco vel pluribus quod admodum alias de pro- » priis forestis domini regis ordinatum fuit ».

Rappelons-nous que Philippe - Auguste avoit confisqué la Normandie en 1202; dès 1204, il avoit nommé des juges pour la réformation des forêts de ce pays. Celle de 1672, qui nous apprend ce fait, p. 96 v°., ne donne aucun détail sur ce droit. Des titres dont il y est fait mention, plusieurs remontent à 11, 12 et 1300. Tous attribuent des droits d'usage très-étendus; dans un seul endroit, p. 7, v°., il est parlé du tiers et danger, pour dire seulement que le bois y dénommé en est exempt. Tous les jugemens rendus par le commissaire réformateur, réservent de statuer sur les procès intentés pour raison de ce droit; comme c'est à la suite de cette réformation que sont intervenus l'édit de 1673 et l'arrêt de 1675, il y a toute apparence qu'il n'en est invervenu aucun depuis.

Tous les actes connus se bornent donc à nous apprendre qu'il n'y a pas d'apparence que le droit de tiers et danger existât en 1155; qu'il existoit en 1287, et qu'il est vraisemblable qu'il fut établi par suite de la réformation ordonnée, en 1204, par Philippe-Auguste.

Mais l'ordonnance de 1376, dont j'ai déjà parlé, l'une des premières que nous ayions sur le fait des eaux et forêts, contient (art. XLVIII, XLIX, L et LI), quelques dispositions remarquables sur ce droit, comme sur ceux de gruerie et autres : je la citerai ici plus au long. Voici ce que porte l'art. L : « Comme nul ne doive par raison, *ce » qui en est personnerie par indivis, aliéner sans son per» sonnier*, et aussi devions bien avoir prérogative » en ce où nous avons part, et *autrefois ait été » ainsi fait en ce cas et pour autres causes que l'on a » apperçues, en réformant le fait desdites forêts : ordon» dance est que nul domanier de bois où nous prendrons » tiers et dangier ou autres droits, ne puisse vendre » sesdits bois, sans en avoir congé de nous*, si le marché » ne se monte si petit prix, qu'il n'excède 10 liv., » auquel cas de si petit prix, il suffira d'en avoir » congé desdits maîtres, et au-dessus, non ».

Cette disposition, répétée dans des ordonnances postérieures, fournit plusieurs conséquences importantes. La première est qu'antérieurement on avoit réformé le fait des forêts : elle vient à l'appui du fait avancé dans la réformation de celles de Normandie, que Philippe - Auguste y en avoit ordonné une en 1204. La seconde, que la tenure des bois en gruerie, tiers et danger, est une tenure *en personnerie par indivis*. De la troisième, il suit que les domaniers ne pouvoient pas autrefois vendre, sans le congé du roi; que, comme ils se permettoient de le faire, on a voulu, par cet article, les ramener à l'ancien principe, ce qui *autrefois étoit ainsi fait en ce cas*.

Et avant qu'ils pussent obtenir *ce congé*, l'art. LI les obligeoit de *bailler par écrit aux maîtres quel bois ils veulent vendre, quel prix, quelle quantité, les bornes, places, costez, le temps de couper et de vuidange, à ce que les maîtres voient le lieu et les jettées, et en sachent répondre.*

La conclusion que fournissent et ces actes, et les principes ci-devant établis, est claire et sensible. Les possesseurs des bois de première origine en ont toujours joui librement; ils y ont fait des ventes, sans être assujettis à demander le consentement du roi, sans lui donner aucune part dans le prix. Ceux qui n'en avoient pas, ont obtenu des droits d'usage dans les forêts du roi et des grands propriétaires. Ces droits étoient de deux sortes; les uns s'étendoient sur tous les bois nécessaires à leur usage, mais sans aucune faculté d'en vendre ; ils existent encore aujourd'hui. Les autres étoient accompagnés de cette faculté, mais à la charge de demander le consentement du propriétaire.

Tous ces usagers ont abusé ; les premiers dégradoient les forêts : de-là l'arrêt de 1287 qui leur a défendu de prendre les bois par leurs mains, dans celles où le roi avoit droit de gruerie, tiers et danger, ou toute autre part, et qui a voulu qu'ils leur fussent délivrés par le forestier, ainsi qu'il se pratiquoit dans ses autres forêts particulières. Les seconds avoient entièrement secoué le joug, ils vendoient sans le congé du propriétaire, et à son grand préjudice : l'ordonnance de 1376 a rétabli l'ordre à cet égard. Ce consentement si anciennement exigé, ces formes qu'ils étoient tenus de remplir, ne permettent pas de douter que celui qui a imposé ces obligations ne fût le vrai propriétaire des bois.

Les exceptions portées par la charte des Normands fortifient tout ce que je viens de dire. Si l'on n'a pas soumis les morts bois au droit de tiers-denier, c'est parce qu'ils sont les plus utiles aux usagers pour leur chauffage. Le droit d'usage originaire est resté en son entier par rapport à ces bois. D'un autre côté, l'exemption en faveur des bois anciennement plantés à la main, prouve sans réplique qu'on n'a pas voulu assujettir au droit ceux dont la propriété directe appartenoit aux possesseurs. Par quelle bizarrerie, en effet, en eût-on exempté les premiers, si les autres l'eussent payé ? Cette observation frappante s'applique aux bois de l'Orléanois, où ceux plantés à la main jouissent de la même exemption. Si l'on a paru vouloir un moment atteindre tous les bois de la Normandie, l'édit de 1673 a finalement décrété le principe, que le droit ne pouvoit être perçu que sur ceux qui, dans leur origine, étoient le pur domaine du roi.

Or ce principe, confirmé encore et par l'atteinte même qu'on a voulu lui porter, et par l'exception des bois plantés à la main; cette nécessité du consentement à la vente, concourent à persuader que les possesseurs des bois sujets au tiers et danger, ne les doivent qu'à des concessions émanées du premier propriétaire.

C'est par suite de la réformation que Philippe-Auguste fit faire en 1204, que ces concessions originaires ont été converties en droit de tiers et danger, comme c'est sous le régne du même prince qu'elles ont éprouvé cette conversion dans les autres provinces; et l'on a substitué à l'obligation d'un consentement qui pouvoit empêcher toute vente, celle d'un simple congé ou permission, avec une part dans le prix de la vente.

Cette uniformité dans ces opérations, dans la marche que l'on a suivie, dans les époques auxquelles elles ont eu lieu, démontre la même cause, et et la même cause l'identité parfaite du tiers et danger avec les droits de gruerie.

L'origine de tous ces droits, telle que je l'expose, ne semblera pas extraordinaire aux personnes qui connoissent celle des cantonnemens des usagers, dans les bois soumis à leurs usages. Dans quelques siècles, peut-être voudra-t-on en faire la recherche. On voudra trouver aussi des loix premières et générales, et l'on sera tout étonné de voir que le peu qui en existe, sans dire ni quand, ni comment, ni pour quel motif ce mode a été adopté, ne contiennent d'autres dispositions que celles qui attribuent la compétence des cantonnemens aux tribunaux, et qui autorisent les communes à faire reviser ceux précédemment faits. (Art. VIII du décret du 19 septembre 1790; art. V et VI de la loi du 28 août 1792.)

A force d'étude, on découvrira enfin que les premiers cantonnemens ont été ordonnés par quelques arrêts du conseil, d'abord exécutés avec peine, et peu à peu sollicités comme un bienfait; que le motif a été de dégager, d'une part, la propriété du fonds, des entraves que les usages mettoient à la jouissance du propriétaire, et, de l'autre, de dédommager les usagers de la privation de leurs droits d'usage sur la totalité, par la cession qui leur étoit faite d'une portion du fonds même en toute propriété. On concevra difficilément comment, par de simples mesures administratives ; on a ainsi dénaturé les titres des parties, souvent sans leur consentement, et que cependant cette espèce de partage forcé a paru si juste ou du moins si équitable aux législateurs mêmes qui ont supprimé jusqu'aux champarts et terrages, qu'ils ont autorisé, par deux loix positives, les propriétaires et les usagers à en former respectivement la demande.

C'est précisément ce qui s'est pratiqué pour les droits de gruerie et de tiers et danger. On a reconnu que, de la façon dont les concessions originaires étoient faites, le propriétaire des bois, sans avoir eu l'intention de se dépouiller entièrement de sa propriété, et le concessionnaire lui-même, étoient tellement gênés dans leur jouissance, qu'il a fallu expliquer leur intention respective. Cela s'est fait sans loi générale. Au lieu de trancher la difficulté, par la division de la propriété, comme on l'a fait depuis dans les cantonnemens, on l'a laissée indivise ; on a préféré le partage du prix des ventes. Ces opérations se sont faites par des transactions volontaires, ou par des jugemens. Si les actes ne se retrouvent pas, c'est parce qu'ils sont trop anciens, qu'il n'est pas un greffe de maîtrise dont les papiers remontent à ces époques, et qu'enfin il est notoire que les longues guerres dont la France a été déchirée, ont occasionné la perte de la majeure partie des actes faits dans ces siècles.

SECTION III.

Du droit de Tiers-denier.

Le droit de tiers-denier présente quelques différences essentielles avec ceux de gruerie et de tiers et danger ; mais il n'en dérive pas moins des mêmes sources, des droits d'usage primitivement concédés par les ducs de Lorraine aux communautés d'habitans. Les actes originaires n'existent plus. Les guerres longues et désastreuses qui ont désolé ce pays, principalement depuis 1631 jusqu'à la paix de Riswick, en 1697, n'y ont laissé que peu de monumens anciens. Quand Louis XIV s'en empara pour la troisième fois, en 1670, tous les titres des archives, tous les registres et papiers de la chambre des comptes furent enlevés et transportés, soit à Paris, soit à Metz, ou dans des maisons religieuses. Cet enlèvement fut fait si précipitamment, avec si peu d'ordre et de précaution, que l'on trouvoit les titres les plus importans parsemés dans les routes. C'est de ce désastre irréparable, que naît aujourd'hui l'impossibilité de remonter à l'origine du droit de tiers-denier.

Louis XIV, en 1660, après la paix des Pyrénées, avoit rendu au duc Charles ses états, à l'exception de quelques cantons qu'il avoit réunis au pays Messin, et du Clermontois, qu'il avoit donné au prince de Condé. Le duc Charles profita des dix années de paix qui suivirent, pour remettre l'ordre dans son pays, et sur-tout dans ses domaines et ses forêts. Une des loix qu'il publia, fut une ordonnance du 23 mai 1664, dont voici la substance :

« Quoique les bois, forêts, taillis et rapailles
» dont jouissent les communautés des villes, bourgs
» et villages des pays de notre obéissance, leur
» aient été donnés par nous et nos prédécesseurs
» ducs, *pour leur bien commun, à titre d'usage et d'u-*
» *sufruit seulement*, néantmoins..... lorsqu'ils en ont
» voulu faire profit par quelques coupes extraor-
» dinaires.... la permission ne leur a été accordée
» qu'à condition qu'ils procéderoient esdites coupes
» avec la participation de nos officiers de gruerie,
» et en leur payant *le tiers-denier à nous dû*.... Mais
» la longueur des guerres passées, la négligence
» et connivence de nosdits officiers, ayant beau-
» coup altéré l'ordre ainsi établi, etc., faisons
» très-expresses inhibitions et défenses auxdits
» habitans et communautés, de prendre ni cou-
» per lesdits bois-taillis, *que pour leur simple usage*...
» comme aussi de couper ni abattre des hautes-
» futayes, que pour les réparations de leurs édi-
» fices publics ou de leurs maisons particulières,
» s'ils en ont droit, sans auparavant.... qu'elles
» ne leur aient été marquées et délivrées en pré-
» sence de nosdits officiers de gruerie.... *et en*

» *outre de faire aucune vente ni coupe extraordinaire* » *desdits bois-taillis et de haute-futaye*, sans la par» ticipation de nosdits officiers de gruerie, et » *sans en avoir obtenu de nous la permission.*

» Voulons et ordonnons que *du prix desdites* » *ventes et des fruits de leurs autres usages, le tiers-* » *denier en soit payé par préférence à nos gruyers, qui* » *seront tenus en rapporter profit aux comptes qu'ils* » *rendront du fait de leurs charges.* »

J'ai déjà dit qu'en 1670, Louis XIV s'étoit de nouveau rendu maître de la Lorraine. Bientôt les abus ayant recommencé dans l'administration des forêts, ce prince en ordonna la réformation, par un arrêt du 28 août 1685.

Les commissaires nommés pour cet objet, observent dans leur procès-verbal, que « les réglemens et les ordonnances de Lorraine, sur le fait » des bois, ont été la plupart tirées des anciennes » ordonnances de France, qui ont été accommo» dées à la possibilité du pays et à la foiblesse » des habitans (p. 2).... que les bois des com» munes laïques, suivant l'ordonnance du duc » Charles, du 23 mai 1664, qui rappelle et re» nouvelle *l'ancien droit et usage pratiqué de tous* » *temps, sont sujets au tiers-denier de la vente qui s'y* » *fait* (p. 19).... que cette ordonnance n'a fait » que *rétablir un droit* que les guerres avoient » anéanti (p. 20 et 21)... qu'il y a même à douter » *si tous les bois généralement*... qui ne payent d'ailleurs

» au domaine aucun cens et redevance, *ne sont*
» *pas sujets au même droit*, parce qu'il s'en trouve
» plusieurs appartenans à des ecclésiastiques et à
» des particuliers, qui payent le droit, sans qu'on
» puisse trouver de raison de différence de ces
» bois d'avec ceux qui ne le payent pas.

» Mais, ajoutent-ils, comme les seigneurs haut-
» justiciers, et particulièrement ceux de l'ancienne
» chevalerie de Lorraine, prétendent avoir le
» même droit dans leurs hautes-justices, et que
» ceux qui en ont d'indivises avec le souverain,
» prétendent aussi le partager comme un fruit de
» la terre.... ils croient qu'il suffit à présent de
» recevoir le droit dans toutes les communautés
» laïques qui sont dans les hautes-justices appar-
» tenantes entièrement au roi.... et à l'égard des
» communautés qui sont dans les hautes-justices
» des seigneurs particuliers, qu'on pourroit or-
» donner que lesdits seigneurs particuliers rappor-
» teront leurs titres.... mais que comme cela ne
» pourroit se faire sans donner de l'inquiétude
» dans la province, l'exécution de cette disposi-
» tion doit être tenue en surséance, tant qu'il
» plaira à sa majesté. »

Enfin, Léopold, rentré définitivement dans son duché par le traité de Riswick, fit, en 1707, son réglement célèbre pour l'administration des forêts de la Lorraine. Le titre III est particulier aux bois possédés par les communes. L'article III leur défend de couper des bois au-delà de ce qui sera réglé *pour leur affouage*, d'en vendre ou commercer en gros et sur pied, à peine de 100 francs d'amende. Et cependant, *si les communes possèdent des bois au-delà de ce qu'elles en ont besoin pour leur affouage*, l'art. IV leur permet d'en vendre, après en avoir obtenu la permission, et *à la charge du tiers-denier au profit du domaine.*

Du texte littéral de ces ordonnances, il résulte que les habitans ne possèdent leurs bois qu'à titre *d'usages*, et que le tiers-denier n'est que la représentation de la part que le souverain a conservée dans la propriété de ces bois, lorsqu'il y permit l'exercice de ces usages.

L'ordonnance de 1464 dit en termes formels, que les bois n'ont été concédés aux habitans, que *pour leur bien commun, et qu'à titre d'usage et d'usufruit seulement.* Le réglement de 1707 veut, ainsi que cette ordonnance, que l'on ne délivre des bois annuellement aux habitans, que pour leur *simple usage* ou leur *affouage*, tant pour brûler que pour bâtir ou réparer. L'un et l'autre prescrivent la vente des bois qu'il pourroit être nécessaire de couper au-delà des besoins des communes, et que les deux tiers du prix de la vente appartiendront aux habitans, l'autre tiers au duc.

Cette possession, à titre d'usage seulement, est encore prouvée par quelques anciennes ordonnances de Lorraine. Celle de 1506, défend aux officiers de délivrer aux communes *au-delà de leur affouage ;* et à ces communes, de les vendre ou de couper des chênes, sans permission, *à peine de...... reunion au domaine.* — En 1559, *sur la demande des états de la province*, le duc défendit aux communes de vendre, aliéner, engager, échanger ou hypothéquer aucuns bois, pâquis, usages et biens communaux, *sous la peine de réunion au domaine*, portée par les ordonnances. — Un édit de 1577, défend de louer les bois et pâquis, d'abattre les chênes, de vendre la glandée à des étrangers, toujours *à peine de réunion et de dommages-intérêts.*

La défense de rien délivrer *au-delà de l'affouage*, celle de rien vendre, échanger, dénaturer, etc., à *peine de réunion au domaine*, sont la preuve la plus complète d'une concession primitive, bornée à l'*usuarium* de nos anciennes chartes, à une simple jouissance usagère, qui n'avoit d'autre étendue que celle du *bien commun*, *des besoins des communes.* En effet, si la concession eût emporté la propriété du fonds, auroit-on réduit ces communes à ne pouvoir *demander* que les bois nécessaires *pour leurs affouages ou usages ?* Elles n'ont donc qu'une possession précaire et limitée.

Dans cette défense qui leur est faite ici, d'aliéner, échanger, hypothéquer leurs bois sans permission, il ne s'agit pas de cette défense politique, faite aux gens de main-morte en général, de cet acte de protection et de tutelle, dont l'objet est de mettre leurs intérêts particuliers à l'abri de l'imprudence, de l'impéritie ou de la mauvaise foi des administrateurs de leurs biens. Il ne faut pas confondre l'une avec l'autre. La peine, en ce dernier cas, se borne à la nullité de la vente, à la restitution du prix; elle n'est infligée que contre les acquéreurs. Au premier cas, elle est prononcée contre la commune elle-même, c'est la *réunion* de ses bois au domaine. Dans l'un, c'est la conservation de la propriété des communes que l'on a voulu assurer; dans l'autre, on les en prive pour la faire rentrer dans les mains du donateur. Ce n'est donc pas le même motif qui a dicté les deux loix.

Or, ce motif est déclaré par la nature même de la peine, au premier cas. On ne peut y méconnoître le propriétaire du fonds, qui a consenti de détacher une partie de sa propriété, pour satisfaire aux besoins des communes; mais qui, jaloux de voir que ce sacrifice leur prospère, et qu'il n'en soit pas fait abus, a voulu qu'elles en fussent privées si elles en mésusoient, et que la portion qu'il démembroit de son domaine, y fût, en ce cas, *réunie*. La limitation de la jouissance ordinaire aux simples besoins, la défense de vendre sans permission, la peine de la réunion au domaine, ces trois dispositions des loix Lorraines, tant anciennes que modernes, se fortifient l'une par l'autre ; leur ensemble ne permet pas de douter qu'effectivement les communes ne soient *qu'usagères*, et que le *tiers-denier* ne soit la part du souverain représentative de son droit à la propriété utile du fonds.

Ces dispositions s'appliquent aux bois des communes situées dans ce qu'on appeloit autrefois les hautes-justices, possédées par des seigneurs particuliers à titre de concession ou d'engagement. Ces hautes-justices étoient une partie du domaine même du prince, toujours sujette à réversion ; tout ce qui les concernoit étoit régi par les loix particulières à ce domaine, sous la seule exception que les fruits et revenus étoient perçus par les concessionnaires ou engagistes.

Elles s'appliquent également aux communes du Clermontois, et des cantons réunis au pays Messin, qui ne sont que des démembremens de la Lorraine.

Quant à celles qui se trouvoient situées dans des hautes-justices patrimoniales, on a pu remarquer que l'ordonnance de 1664, du duc Charles, ni même le réglement de Léopold de 1707, n'en parlent pas, et que la réformation de 1685 n'annonce qu'une prétention de la part des hauts-justiciers, qui avoient paru aux commissaires réformateurs, mériter qu'on les obligeât de représenter leurs titres. Mais le 31 janvier 1724, Léopold rendit une déclaration interprétative, dont l'art. IV du tit. 3, porte que : « *Le tiers-denier* des » bois, fruits champêtres et *autres usages* appartenans aux communes dépendantes des hautes-» justices de ses vassaux, sera distrait à leur pro-» fit, après néanmoins qu'il en aura permis la » vente, à l'égard des bois seulement. »

Tout porte à croire que Léopold, dont les Lorrains n'ont cessé de vanter la sagesse, la bonté et son amour pour son peuple, ne se sera porté à rendre cette déclaration, qu'après avoir reconnu la légitimité des droits des seigneurs. En effet, c'est *sur la demande des états même de ce pays*, qu'est intervenue l'ordonnance de 1559, l'une de celles qui ont interdit aux communes toutes ventes de leurs bois, pâquis, usages et biens communaux. Elle a donc consacré un droit commun qui régissoit dès-lors tous ces biens, quelque part qu'ils fussent situés.

Le tiers denier étoit donc en Lorraine comme les droits de gruerie en France, un dérivé de concessions originaires, *à titre d'usages seulement*, accompagnées d'une défense de vendre sans permission du souverain; défense commuée ensuite dans une portion du prix des ventes, au profit du premier et légitime propriétaire, comme représentative du droit qu'il s'étoit réservé dans la propriété du fonds.

CHAPITRE IV.

Quelle est la nature de ces droits? Le Gouvernement peut-il en exiger le paiement, dans l'état actuel de notre législation?

Les domaniers ou tréfonciers prétendent (1) que ces droits émanent de la puissance féodale, et que dans le cas où ils seroient le résultat d'une concession de fonds, ils ne pourroient être envisagés que comme les champarts, terrages ou agriers; qu'ainsi, sous l'un ou l'autre rapport, ils sont dans la classe de ceux qui ont été supprimés par les loix de 1789, 1792 et 1793.

Pour prouver le premier point, ils soutiennent: 1°. Que ces droits sont le prix imposé pour la permission de posséder ou de planter des forêts de haute futaie, dans le temps où cette faculté étoit interdite aux particuliers, d'après les capitulaires de nos rois; qu'ils sont encore le prix de la protection accordée aux premiers possesseurs des bois, par les seigneurs, ou d'une association faite avec eux; actes purement féodaux

(1) Consultation délibérée à Beauvais, le 12 nivôse an 10, signée Leporquier, approuvée par les CC. Ferey et Hemery.

et bien éloignés d'être un effet libre de la volonté de ces possesseurs.

2°. Que, d'après le sentiment de Saint-Yon et de plusieurs autres auteurs, ces droits ont été introduits avec les fiefs; que Brussel leur donne le nom de fiefs, et cite un exemple de leur inféodation; que ces fiefs, sans concession originaire, sont même de la nature la moins favorable.

Raisonnant ensuite dans une espèce particulière, relative aux comtés de Trie et de Chaumont et au fief de la tour Aubégue, les droits de gruerie, disent-ils, étoient portés par les vassaux, comme charges de leurs tenures, dans les aveux, foi et hommage qu'ils rendoient aux seigneurs de ces fiefs, et ceux-ci les reportoient à leurs suzerains, comme droits et émolumens de leurs fiefs dominans : à tous ces caractères on ne peut, selon eux, méconnoître celui de la féodalité qui les entache.

3°. Ils soutiennent qu'ils ne donnent aucun droit de propriété sur les bois qui en sont grévés; que Saint Yon définit la gruerie, *le droit de justice qu'a le roi ès bois et forêts du domaine d'autrui*, et non un droit de propriété.

Le gruyer, ajoutent-ils, n'a ni le domaine utile, ni la propriété, *jus de re liberè disponendi*, *jus utendi*, *jus abutendi*. Il ne peut, ni vendre, ni aliéner, ni hypothéquer le fonds. Il ne peut pas non plus disposer des fruits produits par le fonds ; ce n'est point lui qui le cultive, l'exploite et administre, il a seulement droit à une partie des fruits.

Ils citent l'article XLVIII de l'ordonnance de 1376, duquel ils concluent que le droit de gruerie ne dônne que la faculté de constater les délits, et un droit au prix de la vente, lorsque le propriétaire dispose. Nulle part, suivant eux, on ne trouve que ce droit fût même une co-propriété, ni la réserve ou la condition d'une concession originaire.

4°. Sur le second point, ils invoquent la définition du mot *gruerie*, qu'ils font dériver de celui *agraria*. Ils prétendent, d'après Ducange, que ce droit appelé *gruagium* par cet auteur, avoit lieu *tam in terris*, *vineis*, *nemoribus*, *quam in aliis rebus*. Ils en concluent qu'il est du même genre que le champart, le terrage, les agriers, etc. Que lors de la suppression de tous les droits féodaux, on n'auroit pu le regarder comme conservé, qu'autant qu'il se seroit trouvé clairement établi dans le titre primordial rapporté ; que ce titre ne peut l'être ; que quand bien il le seroit, la loi du 17 juillet 1793 a supprimé sans réserve, ni indemnité, tous les droits quelconques que celle de 1792 avoit maintenus.

Enfin, ajoutent-ils, si on leur a objecté pendant quelque temps avec succès que la loi du 29 septembre 1791 réservoit expressément les droits de gruerie, celle postérieure de 1793 détruit entièrement cette objection.

J'ai donc à démontrer que les droits de gruerie ne dérivent point du droit féodal, ni de la permission de posséder des forêts, ni des protections ou associations connues anciennement sous le nom d'avoueries; qu'ils ne sont point des droits de terrage ou champart; mais qu'ils sont une véritable co-propriété, réservée par le propriétaire originaire des bois, quand il aliéna l'autre portion, par une concession de sa pure volonté, de sa seule bienfaisance, *gratanti animo.*

Réponse au premier moyen.

ON a vu dans le premier chapitre, que ce moyen n'avoit pour base que la fausse interprétation donnée par Lebret et plusieurs autres au mot *foresta;* que cette expression, dans les anciens capitulaires, ne s'appliquoit qu'aux garennes et aux pêcheries, et que la seule usitée jusqu'au 11e. ou 12e. siècle pour signifier bois ou forêts, étoit celle de *silva.* Je n'ajouterai ici qu'un fait tiré d'une charte de 1022 (Annales des Bénéd., tom. 4, p. 706 et suivantes), par laquelle le roi Robert a confirmé les précédentes dotations faites à l'abbaye de Saint-Mesmin près d'Orléans. Il y est dit: « Possident boscum santi Agili et brasias quasdam » juxta *silvam nostram, quod dicitur forest* ». Il falloit à cette époque expliquer que le mot *forest*, qui commençoit à se franciser et à s'entendre selon le sens qu'il a aujourd'hui, s'appliquoit aux objets que jusques-là on n'avoit exprimés en latin que par *silvam*. On ne peut douter d'après cela que l'emploi du mot *forêt*, pour signifier les bois, ne fût alors une nouveauté inconnue du temps des capitulaires. (Les possesseurs des bois en gruerie de l'Orléanois, réfutent eux-mêmes le sentiment de Lebret, dans leur mémoire récemment imprimé).

On a vu d'ailleurs que les bois pouvoient être librement possédés par tous indistinctement, *à quolibet homine*; qu'ils étoient en effet la propriété de tous, *alicujus*, *privatorum* et *communis* : et qu'il est si peu vrai qu'il fallût une permission, que ce sont précisément ceux dont on prouve l'ancienne plantation à la main, *nemora plantata ab antiquo* (Charte aux Normands, art. X), qui jouissent de l'exemption. L'imposition du droit n'est donc pas le prix de la permission de les planter. Il est inutile de s'arrêter plus long-temps sur ce point. Je traiterai celui relatif aux associations, protections et sauvegarde, dans l'article suivant.

Réponse au second moyen.

LES domaniers, pour prouver la féodalité des droits de gruerie, ont principalement puisé leur doctrine dans Saint-Yon, liv. I, titre XXIV. Je commencerai par rapporter l'opinion de cet auteur,

non

non telle qu'il nous la donne, mais telle qu'elle est en effet dans son ouvrage.

Il tient *par fortes conjectures et grandes apparences que ces droits ont été introduits dès-lors que les fiefs l'ont été en France... et comme il y avoit lors une si grande quantité de forêts par-tout qu'on n'en pouvoit que faire... Les unes furent réservées au domaine de la couronne...* Il pense que de celles-ci quelques-unes furent chargées de droits d'usage envers les habitans circonvoisins ; que la garde des autres fut inféodée, ce qui donna lieu aux sergenteries fieffées ; que « *quelques-autres furent baillées à des par-*
» *ticuliers à bail d'héritage perpétuel* avec la seigneurie
» utile, pour en avoir le soin, ménager les coupes,
» *à la réserve toutefois des deux tiers, moitié, tiers,*
» *quart, quint, dix et vingtième d'icelles*, de la justice,
» amende, chasse et garenne, paisson en glandée,
» et autres prééminences, pour marque et recon-
» noissance de la seigneurie directe et supérieure ;
» *et delà sont venues ces droits domaniaux de tiers et*
» *danger, gruerie et grairie.*

» Comme aussi de ce que, depuis et à la longue,
» plusieurs ayant trouvé moyen d'avoir bois et
» forêts à eux, principalement les ecclésiastiques,
» par dons, libéralités et bienfaits, tant des rois
» de France, que d'autres grands seigneurs leurs
» fondateurs, se sont desplus de les voir piller,
» fuster et endommager ; et cuidans qu'ils seroient
» mieux gardés et conservés entre les mains de

» plus puissans qu'ils n'étoient et qui avoient la
» force en main et plus d'autorité, *ont associé*
» *avec eux pour les garder, les uns le roi, et autres des*
» *comtes, barons, seigneurs et gentilshommes leurs*
» *voisins*, à conditions toutefois différentes. Car
» les uns se sont mis tout simplement en la
» gruerie et justice du roi ou d'un seigneur, avec
» les amendes et émolumens de l'exercice de la
» justice. Autres en reconnoissance... ont délaissé
» avec les amendes, la garenne, chasse et paisson.
» Autres ont, outre cela, *délaissé la moitié, tiers,*
» *quart, quint, dix et vingtième, ou autre part et por-*
» *tion des coupes et autres revenus de leurs bois.* Quel-
» ques-uns ont même passé jusqu'à *les associer*
» *au fonds*, et de ces associations, j'en citerai
» deux entre plusieurs, etc. »

Premièrement, Saint-Yon ne dit point, d'une manière positive, ainsi que l'avancent les tré-fonciers, que les droits de gruerie aient été introduits en même temps que les fiefs. Il n'énonce cette opinion que sur de *fortes conjectures et grandes apparences*. On a pu se convaincre, par tout ce qui précède, que ces présomptions sont démenties par tous les anciens monumens. Le silence des capitulaires, et même de tous les actes publics jusqu'au 11e. siècle, sur ces sortes de droits, ne permet pas de croire à leur existence alors, et les fiefs étoient établis à cette dernière époque.

Secondement, Saint-Yon attribue leur origine

à plusieurs causes. Il laisse à douter si l'on doit mettre au rang de ces causes les droits d'usage et les charges qui furent imposées aux usagers, et les inféodations des sergenteries. Mais il pose en fait que *des forêts furent réservées au domaine de la couronne;* que *quelques-unes furent données à des particuliers à bail d'héritage perpétuel; et que les droits de tiers et danger, gruerie et grairie ne sont autre chose que les parts et portions que le bailleur se réserva dans le produit des coupes de ces forêts.* L'on ne peut nier que cette réserve d'une part dans le prix du revenu ne fût une condition très-légitime, et qu'elle n'avoit rien de commun avec la féodalité. Ce seroient, dans ce système, de véritables aliénations dont la stipulation de ces droits formeroit le prix.

Si à ces droits fonciers stipulés dans ces baux, on a ajouté des réserves honorifiques, pour marque et reconnoissance de la seigneurie, on ne peut pas en conclure qu'elles leur aient communiqué un caractère de féodalité. Le bailleur, en aliénant son fonds, ne vouloit pas aliéner son fief, ni sa justice, ni sa chasse, ni sa pêche, ni le pâturage, etc. Toutes ces choses n'ont rien de commun entre elles.

Un propriétaire use de sa propriété comme il lui plaît; il la décompose à son gré; il l'aliène en tout ou en partie; il en réserve des portions plus ou moins utiles, plus ou moins honorifiques, sans que les unes communiquent aux autres le caractère propre à chacune d'elles. La justice, la chasse, etc. qui sont des attributs féodaux, ont dû rester comme fiefs dans la main du bailleur; mais l'aliénation du fonds n'a pu faire un droit féodal d'un produit qui ne l'étoit pas, pendant que le bailleur en jouissoit dans son entier. Ce produit n'a pu le devenir, pour la partie réservée, pas plus que pour la partie concédée, par le seul motif que le bailleur a conservé en même temps ces attributs féodaux.

Troisièmement, parmi ces causes, Saint-Yon admet les actes par lesquels des vassaux se mettoient eux et leurs biens sous la protection et sauve-garde des seigneurs. Mais il en distingue de quatre espèces. Par les uns, le droit de protection n'entraînoit que la gruerie, c'est-à-dire, la justice et ses droits; par les autres, les droits de garenne, de chasse et de paisson étoient de plus accordés au protecteur; par les troisièmes, on lui attribuoit en sus les droits de gruerie; et par les quatrièmes, on l'associoit pour une part dans le fonds même.

Ainsi une partie de ces actes né donnoit que la gruerie ou justice, ou tout au plus, la garenne, la chasse, la paisson et glandée; ce n'étoit que dans des cas rares qu'ils concédoient jusqu'à des droits de gruerie, ou associoient au fonds lui-même.

Le chapitre de Sens s'étoit associé avec Louis-le-Jeune en 1115 (amplissime collection du Père Martene, tom. I, p. 832); il réserva ses usages dans ses bois, *seorsum retentis herbagiis,... et usuario nemoris ad opus ejusdem domûs.*

Une charte de Godefroy, duc de Lorraine, donnée pour les monastères du diocèse de Verdun, porte, art. VIII : *In sylvis... aut dandi aut accipiendi nullum jus habeat* (advocatus). Brussel, tom. II, p. 793.

L'empereur Henri, réglant les droits de l'abbaye de Saint-Sauveur de Pruim, statue, art. V, *si abbas in dominicatu suo silvam, ubi advocatus bannum super bestias non habet, ad novalia dederit, nihil advocatus inde habebit.* (Charte de 1102, amplis. coll. tom. I, p. 595).

On voit, par ces exemples, que les bois étoient souvent exemptés de tous droits, de toute participation à aucuns fruits, envers les avoués. Les avoueries avoient même toutes une origine plus ancienne que les droits de gruerie; aucune charte de leurs établissemens n'en parle. Les autres plus modernes ne sont que des confirmations ou des sous-avoueries, ou des inféodations des droits de garde. J'ai même fait voir, p. 45, par l'association contractée par l'abbaye de Molesme, en 1223, avec le comte de Champagne, que souvent ces actes, dans lesquels chacun mettoit sa part, n'avoient rien d'onéreux pour les vassaux, et qu'il ne falloit pas les confondre avec les avoueries.

Mais un mot détruit tout l'avantage que les tréfonciers voudroient en tirer. L'histoire et les monumens nous enseignent qu'il n'y avoit d'avoueries laïques que celles de villes, de contrées et de provinces, si l'on excepte les gardes-nobles qui forment un cas à part; toutes les autres étoient ecclésiastiques. (Brussel, t. II, liv. III, chap. VI, p. 779). Aucuns des tréfonciers n'étant aujourd'hui, ni ecclésiastiques, ni villes, ni contrées, aucun d'eux ne peut réclamer l'avantage des conséquences que ces corps pourroient en tirer.

Il résulteroit donc du système de Saint-Yon que la véritable source des droits de gruerie seroit le bail des forêts du domaine de la couronne, fait à titre d'héritage perpétuel, le vrai bail à rente, c'est déja un grand point de gagné pour le domaine public contre les tréfonciers, de pouvoir regarder comme certain, d'après l'auteur même sur lequel ils s'appuient, que le fonds des bois soumis aux droits de gruerie, étoit l'ancien propre du domaine, et de les forcer à reconnoître que, dans l'origine, il ne leur appartenoit pas. Dès-lors, ce n'a pu être par aucune violence, ni puissance féodale, ni pour cause de protection, que ce fonds a été chargé de quelques droits; il ne l'a été que du consentement libre de celui qui, en acceptant la transmission de ce même fonds, l'a acceptée avec ses charges.

Brussel a pu donner le nom de fiefs à ces droits, sans qu'on puisse en tirer une conséquence qui leur soit défavorable.

D'abord il faudroit savoir si, dans l'inféodation du seigneur de Montmort, dont il cite l'exemple, il s'agissoit de la justice ou des droits de gruerie. Elle ne porte que ces mots, *feodum est grueria de Wassy*. Il y a toute apparence qu'elle n'avoit pour objet que la justice, puisque cet auteur employa, quoiqu'à tort, la dénomination de *graéries*, pour désigner les droits.

Il est à remarquer, dit-il ailleurs, t. I, p. 42, « que dans le 11e et le 12e. tout se donnoit en » fiefs, *la gruerie des forêts*, le droit d'y chasser, etc. » En citant en preuve cette inféodation, il veut dire que le seigneur de Montmort portoit dans son aveu, au comte de Champagne, *la gruerie des forêts*, qu'il avoit reçue de lui en fief. Si l'on veut, par ces mots, entendre les droits de gruerie, il s'ensuivroit que le comte de Champagne auroit concédé ceux qui lui étoient dûs, à la charge de les tenir en fief de lui. Alors ces droits auroient en effet pris le caractère de fief dans la personne du seigneur de Montmort vis-à-vis du comte de Champagne, mais sans cesser d'être purement fonciers vis-à-vis des débiteurs des droits, dont ce nouveau contrat, fait entre des tiers, ne pouvoit pas changer la tenure.

Il en est de même de la déclaration que les vassaux de Trie, de Chaumont et de la Tour-au-Bègue ont faite de ces droits, dans leurs aveux, comme charges de leurs tenures; elle n'a pu en altérér la nature première, non plus que le report qui en a été fait par ces seigneurs dans leurs aveux au suzerain. La règle des fiefs vouloit que chaque vassalren dît aveu à son seigneur de tout ce qu'il tenoit de lui, fief ou non fief, noble ou roture. De ce qu'un vassal portoit un héritage simple dans son aveu, il ne s'ensuivoit pas que cet héritage fût fief; mais il pouvoit l'être dans la personne du seigneur, vis-à-vis du supé rieur, ou de celui-ci vis-à-vis du suzerain, et n'en demeuroit pas moins héritage censuel dans la main du vassal.

Concluons de tout ceci que les tréfonciers n'ont pas été heureux dans le choix de leurs moyens pour prouver la féodalité des droits de gruerie.

Réponse au troisième moyen.

QUAND les tréfonciers soutiennent que le propriétaire du droit de gruerie n'a pas le domaine utile, qu'il ne peut le vendre, ni l'hypothéquer, c'est qu'ils n'ont pas voulu lire les loix de la matière, ou qu'ils n'ont voulu voir que les dispositions de ces loix, ou les passages des auteurs qu'ils ont cru pouvoir interpréter à leur avantage.

Par exemple, en citant la définition que Saint Yon donne de la gruerie, comment n'ont-ils pas vu que ce jurisconsulte, dans le lieu même qu'ils citent, distinguoit la justice d'avec le droit? Il appelle l'une *gruerie* et l'autre *grairie*; il définit l'une et l'autre,

Gruerie, dit-il, *dérivant le mot de gruier, premier juge et officier des forêts, est le droit de justice qu'a le roi ès bois et forêts du domaine d'autrui.... Grairie est quand le roi, outre les droits ci-dessus de justice, a part aux coupes de bois, quod afficit rem.* Les tréfonciers s'arrêtant à la première de ces définitions, en concluent que le roi n'avoit que la justice et non la propriété. S'ils avoient voulu lire la seconde, ils auroient vu, quoiqu'il se trompe sur la dénomination du droit foncier, la distinction que l'auteur fait lui-même entre ce droit et celui de justice. Sans doute le droit de justice ne donne pas la propriété; mais l'autre, qui selon lui affecte le fonds, *quod afficit rem*, est une propriété réelle: le premier est le droit de la conserver et de la défendre.

On peut leur faire le même reproche, lorsque citant l'art. XLVIII de l'ordonnance de 1376, ils avancent que le droit de gruerie ne donnoit aucun droit de propriété, mais seulement la faculté de constater les délits et un droit au prix de la vente. Nulle part, ajoutent-ils, on ne trouve que ce droit fût même une co-propriété. Pour se convaincre du contraire, ils n'avoient qu'à tourner le feuillet. Ils auroient vu que l'art. L, défend aux tréfonciers de faire aucune vente dans les bois, sans la permission du roi, qu'il base cette défense sur ce motif remarquable, que : *Nul ne doit ce qui est en personnerie par indivis, aliéner sans son personnier.* Et comme si l'on eût craint que cette disposition ne parût être un droit nouveau, l'article ajoute : *Ce qui autrefois a été ainsi fait en ce cas.*

Cette co-propriété est donc prouvée par les loix les plus anciennes, par celle-même que les tréfonciers invoquent. Ce principe est répété dans les ordonnances de 1402, 1515, 1556 et 1561.

Voici le texte de l'art. X de celle de 1556, si connue sous le nom de l'ordonnance de Moulins : « Les droits de tiers et danger ou gruerie en » nos bois et forêts ne pourront être donnés ni » aliénés, *ni pour le fonds*, ni pour les coupes ou » deniers qui en pourront provenir, etc. » Cet article déclare tout inaliénable, *le fonds*, la superficie ou les coupes, les deniers en provenans. Cette ordonnance, composée sur les cahiers des états, regardoit donc *le fonds des bois* comme tellement inhérent au droit, qu'il eût été susceptible d'être aliéné comme le droit : la co-propriété ne peut être prononcée plus ouvertement.

Celle de 1561 s'explique d'une manière tout aussi claire. Charles IX se plaignoit de la facilité avec laquelle les tréfonciers obtenoient le don de la portion du prix des ventes appartenant au domaine. « Comme plusieurs bois et forêts de notre » royaume, disoit-il, appartenans *par indivis* à nous, » *à cause de notre domaine et droit de gruerie*, etc. »

C'étoit à cause du droit de gruerie que les bois lui appartenoient par indivis.

Enfin, l'ordonnance de 1669 contient, relativement aux bois de gruerie et de tiers et danger, une foule de dispositions, qui toutes les rangent dans la cathégorie de ceux indivis. Elles prescrivent les mêmes règles pour leur garde, la levée des plans, leur arpentage, les adjudications des coupes, tant ordinaires qu'extraordinaires, les visites que doivent y faire les agens forestiers, la tenue des registres qui les concernent, etc. etc. etc., et pour l'aliénabilité des droits comme des bois.

Toutes ces dispositions concourent à prouver que c'est le propriétaire du droit qui exploite, qui administre les bois. Il est bien vrai que ces droits sont si variés, qu'il est des lieux où l'usage fut et peut être encore différent. Mais en général tous ces bois sont administrés et les coupes en sont vendues, comme de tous ceux indivis, par les agens du domaine national.

C'est encore par des loix non moins positives que je détruirai l'assertion avancée par les tréfonciers, que le propriétaire du droit ne peut aliéner, ni hypothéquer le fonds. Henri III, par une ordonnance du mois de septembre 1574, a ordonné le partage des bois en gruerie, entre le roi et les tréfonciers; il vouloit que ceux-ci pussent jouir librement de leur portion. Un édit de 1619 a de nouveau ordonné ce partage et la vente du lot qui échoiroit au roi. Ces édits ont eu en partie leur exécution; mais le domaine de la couronne étoit inaliénable : ces ventes n'ont été considérées que comme des engagemens, et les portions vendues ont été réunies au domaine en vertu d'édits postérieurs.

La question est donc ici résolue par le fait; le propriétaire du droit a pu aliéner une partie des bois; il l'a fait, il le peut faire encore. Le principe de l'inaliénabilité du domaine est détruit. Des loix particulières, il est vrai, l'ont maintenu par rapport au forêts; mais elles ont admis quelques exceptions. Le gouvernement peut donc ordonner de nouveau le partage de celles en gruerie et l'aliénation, dans les cas permis, des parties qui lui reviendroient par ce partage.

La propriété du tréfoncier est-elle bien plus libre? il ne peut dénaturer le fonds, ni défricher le bois, sous peine de privation de son droit; ordonnance de 1518, art. XXIV, c'est-à-dire, sous peine de confiscation.

Ceux d'Orléans, quand ils ont avancé le contraire dans leur mémoire imprimé, avoient oublié cette ordonnance, ainsi que des arrêts des juges en dernier ressort de 1542, 1551 et autres, qui ont privé, en pareil cas, des domaniers du tréfonds et de la propriété.

S'il vend, s'il hypothèque; il ne vend, il n'hypothèque que sa part. Il vend, il hypothèque le tout, parce qu'en raison de l'indivis, il possède *totum in toto et totum in quâlibet parte*. Mais dans le cas de l'hypothèque, le créancier réduit le fonds à sa valeur réelle, en déduisant celle représentative du droit; dans le cas de vente, le prix n'en est de même fixé que déduction faite de la valeur du droit. Les coutumes d'Orléans et de Montargis évaluent à 4 sous de revenu l'arpent de bois hors gruerie, et à 2 sous seulement celui en gruerie. Il est clair que le tréfoncier ne peut vendre que sur ce dernier pied : il n'en vend donc effectivement que la moitié; l'autre reste invendue, comme appartenant de fait au co-possesseur.

Celui qui peut demander le partage de bois dans les fruits desquels il a part, celui qui peut ensuite aliéner son lot, est donc vraiment co-propriétaire de ces bois. Si cette co-propriété est déclarée par des loix positives et anciennes; si ces mêmes loix ont réuni l'administration des bois dont il s'agit dans les mains du possesseur du droit de gruerie; si elles prononcent la confiscation de la part du tréfoncier, dans le cas où il dénatureroit le fonds; si ce droit enfin est de la nature de ceux qui affectent le fonds, *quod afficit rem*; peut-on méconnoître dans celui à qui il appartient une co-propriété, une *personnerie par indivis*?

Enfin cette propriété est énoncée en toutes lettres, dans la réformation d'Orléans en 1669. Elle l'est, dans ce temps non suspect, où il ne s'agissoit pas de discuter les questions que l'on traite aujourd'hui ; elle l'est comme le résultat de l'examen de l'histoire, de ses monumens, des titres de tous les possesseurs des bois en gruerie, de quelque qualité qu'ils fussent ; comme propriété générale de la forêt, que ces mêmes actes reconnoissent appartenir au souverain sans partage.

Réponse au quatrième moyen.

Ce moyen est celui de l'étymologie tirée du mot *agraria*. Je n'ai rien à ajouter ici à ce que j'ai dit dans le premier chapitre. Cette étymologie ne peut avoir aucune vraisemblance, tant qu'il restera pour certain que les premières expressions significatives, soit du droit, soit de la justice, soit de l'officier, étoient *gruarius*, *gruria*, et qu'elles sont plus anciennes d'un siècle au moins que celles de *graéries* ou *grairie*. Il est possible que les premières, par une espèce de similitude, aient été appliquées à des droits établis sur une autre nature de biens et ensuite altérées ; il est possible que quelques auteurs s'y soient mépris. Mais on ne peut refuser de croire, à la vue des actes que j'ai cités, que les dernières ne sont pas les véritables. Si l'expression peut caractériser un droit, c'est celle par laquelle il a été dénommé dans son origine ; le changement qu'elle a pu éprouver, dans le cours des siècles, par suite de quelque circonstance approximative de son objet, n'est plus qu'une variation indifférente.

Non, il n'est pas possible de considérer comme dérivant du régime féodal, des droits qui ne sont que la suite d'une concession volontaire et représentatifs de la part que le concédant s'est retenue dans la chose. Rien ne l'obligeoit à concéder, ni usages, ni jouissance, encore moins la propriété. Parce qu'il a porté la bienveillance au point de se dépouiller de cette propriété même, si l'on veut, en faveur de riverains de ses forêts, ceux qui ne pouvoient y entrer sans son consentement, qui ne pouvoient rien exiger de lui, non-contens aujourd'hui de ce qu'il a bien voulu faire pour eux, seroient autorisés à lui refuser jusqu'à la condition qu'il a mise à ses bienfaits ! Ainsi le temps efface les souvenirs les plus sacrés ; ainsi l'on voudroit changer en propriété absolue une jouissance qui, depuis sept siècles au moins, n'est que partielle ; ainsi le droit réservé par le premier, le véritable propriétaire, est regardé comme un acte de tyrannie !

On s'est trop habitué à confondre, dans les actes, les stipulations du propriétaire avec celles du seigneur. La même personne réunissant les deux qualités, on a fait abstraction de la première, pour tout attribuer à la seconde. Toutefois il est constant qu'il y a eu des propriétaires avant qu'il y ait eu des seigneurs. Quelque obscurs que soient les temps où se sont faits les partages des terres, lors de l'invasion des Francs, il est reconnu qu'il en resta au moins la moitié en propriétés privées, en alleux; que, parmi ces propriétés, il y avoit des bois, et que ces bois restèrent intacts dans les mains des propriétaires.

Quand les fiefs s'établirent, ils n'eurent d'abord d'autre objet que le service militaire. Cette dépendance et les concessions si nombreuses, si renouvelées des bénéfices, amenèrent insensiblement un autre ordre de choses. On vit naître une fiction qui gréva sans doute les propriétés de charges nouvelles, mais qui n'en déplacèrent aucune. On supposa que le seigneur avoit été le propriétaire originaire, le premier de tous; que toutes les pro-propriétés particulières provenoient, comme les anciens bénéfices, de la concession primitive qu'il en avoit faite. De-là ces actes recognitifs, ces cens féodaux, ces droits résultant du consentement présumé aux mutations.

D'un autre côté, il étoit indispensable d'établir un mode de rendre la justice; que cet attribut fût l'apanage du souverain seul, cela devoit être; cela ne fut pas. Je n'ai point à considérer ici quelle source de vexations la réunion de cet attribut aux seigneuries dut être pour les vassaux : il leur importoit peu que les droits légitimes, qui en dérivoient, fussent dûs aux seigneurs ou aux souverains.

Mais

Mais le seigneur aussi avoit ses propriétés ; il existoit même pour lui des moyens naturels de les accroître. Par exemple, quand la descendance d'un des vassaux venoit à manquer, la propriété de ses biens devoit être dévolue à quelqu'un. Qu'elle le fût au souverain ou au seigneur, peu importoit encore à ceux qui n'avoient rien à y prétendre. Ces propriétés donnoient lieu, entre le seigneur et ses vassaux, à des contrats dans lesquels il traitoit et comme propriétaire et comme seigneur à-la-fois.

Concédoit-il des terres ou des bois ; dans toutes les clauses qui n'avoient trait qu'aux conditions de la concession, telles que les limites de l'objet concédé, l'étendue de la jouissance, la part qu'il se réservoit, le droit de garde, etc., c'étoit le propriétaire qui parloit ; c'étoit le seigneur dans les autres, telles que la réserve de la seigneurie et de la justice, les amendes, les droits recognitifs de la directe, etc. Les premières conventions pouvoient se trouver dans tous les contrats faits entre particuliers non seigneurs ; les autres ne le pouvoient pas.

Cette distinction facile à saisir, établit aisément celle qui doit être faite entre les deux qualités de seigneur et de propriétaire réunies dans la même personne. Les stipulations relatives à la propriété, sont éternellement inattaquables, comme toutes celles faites entre deux personnes privées ; celles dérivantes de la seigneurie ou de la justice, n'existent plus.

Maintenant, de quel genre sont les réserves des droits de gruerie dans les forêts? Par-tout où il existe des actes de concession ou autres représentatifs, on ne niera pas que la propriété des forêts appartenoit au concédant; il a donc pu gréver d'un droit foncier la concession qu'il en a faite, ainsi que tout autre particulier l'eût pu faire. Or la réserve d'une portion dans le revenu, n'est qu'une stipulation foncière; plus elle est forte, moins elle peut être censée féodale. Une redevance de cette dernière espèce, ne consistoit qu'en quelques deniers, et étoit presque toujours ajoutée en sus de la première.

On peut assimiler cette tenure à celle du domaine congéable ou des vignes à complant. L'une et l'autre, après de longs débats, ont fini par être reconnues pour n'avoir rien de commun avec les tenures féodales, pour n'être que des baux perpétuels, dont les bailleurs ont été autorisés à continuer de percevoir les fruits.

Mais si le titre primitif ne paroît pas, doit-on supposer que la propriété originaire du bois appartenoit à celui qui le possède, et que ce n'est que par un abus de la puissance féodale, qu'il a été grévé d'un droit de gruerie?

Si ces droits étoient dûs par tous les possesseurs de bois, on pourroit supposer qu'ils proviennent de cette fiction, en vertu de laquelle les seigneurs étoient considérés comme propriétaires universels. J'ai déjà dit que cette fiction n'avoit porté aucune atteinte à la propriété même; elle ne l'a grevée d'aucune charge foncière nouvelle. Ceux qui possédoient alors des terres ou des bois, ont continué d'en jouir comme auparavant, et ce n'est point sur ces bois qu'ont été imposés les droits de gruerie.

On a voulu établir en Normandie l'universalité du tiers et danger; mais sur les réclamations des propriétaires, il a fallu reconnoître que ce n'étoit qu'un droit particulier.

De même la ligne de gruerie, que les tréfonciers d'Orléans traitent d'arbitraire et féodale, est au contraire la preuve la plus évidente de la non féodalité du droit. Cette ligne n'est point, comme ils le prétendent, celle de l'enclave d'un fief. Ce n'est point par les principes particuliers à ces enclaves, qu'on l'a déterminée. Ce sont en général les limites d'une forêt, et non d'un fief, qui font celles du droit gruerial. Tracée, non arbitrairement, mais à la suite d'une réformation commencée en 1543, et terminée en 1552; tracée (p. 18) en présence des parties, ou elles duement appelées, les anciens, les notables, les lieux, les circonstances consultés, cette ligne n'a servi qu'à constater un point de fait; c'est-à-dire qu'il étoit généralement reconnu que tous les bois situés dans son enceinte, étoient soumis au droit. Si les ducs d'Orléans avoient agi en qualité de seigneurs, ils n'auroient pas cherché à favoriser des exemptions, par une ligne de démarcation dont l'assiette souffroit même des difficultés. La puissance féodale eût tranché le nœud, en déclarant tous les bois du duché assujettis au droit. Il n'est pas présumable qu'elle se fût appesantie, de dessein prémédité, sur les propriétaires de quelques cantons, plutôt que sur tous. L'attention que l'on a mise à respecter la propriété des uns, prouve qu'on n'a voulu soumettre les autres qu'à des droits reconnus légitimes.

Les bois de gruerie sont donc du nombre de ceux qui, comme le dit Saint-Yon, avoient été réservés pour le domaine de la couronne, et qui ont été concédés soit par les rois, soit par les hauts-vassaux. Les chartes relatives aux bois ecclésiastiques, ne laissent pas de doute à cet égard. Le grand nombre de celles qui ont été conservées, forment un droit commun qui s'applique à tous, même aux laïques. Sur quel motif en effet appuieroit-on une différence ? La forêt d'Orléans, par exemple, étoit morcelée jusques dans son intérieur, par des portions mélangées de bois, là de particuliers, ici d'ecclésiastiques : s'il est prouvé que ces derniers ne tiennent les leurs que de la bienfaisance du prince, il faut bien croire que les autres ne les doivent qu'à des concessions de la part de celui qui fut, dans le principe, le propriétaire de la totalité de la forêt.

Mais les tréfonciers prétendent le contraindre à représenter ces actes primordiaux. Ils invoquent la loi de 1792, qui exige cette preuve en pareil cas du possesseur d'un droit, qu'ils assimilent à celui de champart ou terrage.

Je réponds, premièrement, qu'il n'y a point ici parité d'espèces. Les droits de gruerie ne sont ni terrage, ni champart. Le mot *agraria* étoit employé dans les capitulaires, et celui de *terragium* étoit connu très-anciennement pour désigner ces derniers droits. Il eût été inutile d'en inventer un troisième pour les bois, si ceux de gruerie eussent été du même genre. Ducange (*Verbo Terragire*) cite une charte de Beaudouin, comte de Flandres, dans laquelle il est dit : *Balduinus comes donavit duas carrucatas silvæ, ea conditione ut extirpata terragiretur.*

Le terrage n'étoit demandé que sur les portions de forêts concédées, à la charge de les défricher. Il étoit dû sur les revenus de la terre cultivée, et non sur ceux des bois.

Deuxièmement, les terrages, champarts et autres prestations de ce genre, n'ont été compris dans les loix de 1792 et 1793, que par la présomption de la féodalité. Or, j'ai prouvé que les droits de gruerie n'ont rien de féodal ; qu'ils sont une vraie co-propriété, qu'ils affectent le fonds à un tel point, qu'il jouit de toutes les prérogatives de l'indivis, et qu'il est susceptible de partage. Ces loix ne peuvent donc leur être appliquées; il suffit d'en prouver la possession, pour que la perception en soit autorisée.

Eh quoi! les usagers dans les forêts du domaine public sont admis à réclamer leurs usages, sur la seule représentation de quelques titres possessoires, et le propriétaire de droits essentiels qui affectent le fonds de ces forêts, seroit forcé d'en représenter le titre primordial, par les possesseurs de ce fonds qu'ils ne tiennent que de lui! Des droits d'usage, qui ne sont qu'une servitude onéreuse et gratuite, jouiroient d'une faculté qu'on refuse à des droits qui sont une émanation, une représentation du fonds! Le tréfoncier d'une portion de bois, souvent exerce des droits d'usage dans le surplus de la forêt; il pourra, par la seule possession, contraindre le propriétaire à supporter ses usages, et celui-ci ne pourra, par le même moyen, conserver ses droits de gruerie sur la même forêt! Et de quelle possession s'agit-il? D'une possession de sept à huit siècles, aussi respectable par sa durée que par le caractère des droits, et qui compte parmi ses preuves, une foule de loix émanées de la puissance publique.

On peut dire que les loix sont les titres des souverains, quand elles sont revêtues des formes qui les rendent authentiques et obligatoires. Celles que j'ai citées, attestant l'existence du droit, sa nature foncière et son caractère de co-propriété indivise, chacune d'elles en a consacré l'authenticité, la légitimité ; chaque réformation les a consacrées de même, et du consentement des tréfonciers, qui ont volontairement représenté leurs titres. Tels sont ceux du domaine public, les loix pour le droit en général, les réformations et les comptes de gruerie pour le droit individuel.

De quoi se plaignent au surplus les tréfonciers ? Il n'en est pas un, depuis sept à huit cents ans, qui ne possède ces bois, soit à titre d'hérédité, soit à titre d'acquisition. Tous ont obtenu, lors du partage ou du contrat de vente, une déduction proportionnelle au droit dont ils sont affectés. Il n'en est pas un pour qui ces droits soient véritablement onéreux : leur suppression seroit donc un sacrifice purement gratuit, qui seroit aussi préjudiciable aux intérêts du domaine, qu'utile aux tréfonciers.

La législation sur les droits abolis dans les premières années de la révolution, ne semble pas être un obstacle à ce que la perception de ceux de gruerie soit continuée.

La loi du 28 mars 1790, la première qui ait supprimé les droits féodaux, n'y a pas compris ceux de gruerie. Le comité des domaines avoit desiré des renseignemens sur leur nature ; ceux qui lui furent procurés lui firent connoître qu'ils n'avoient rien de féodal.

Celle du 29 septembre 1791, concernant l'administration forestière (tit. I, art. 3, et tit. II, art. unique), met les bois possédés en gruerie, au rang de ceux qui doivent être soumis à cette administration; elle veut qu'ils soient administrés comme les autres bois nationaux.

Lors de la discussion de la loi du 15 août 1792, on voulut de nouveau supprimer les droits de gruerie : on les voit même dénommés dans le projet imprimé de cette loi. Mais lors de sa rédaction définitive, on ne les y comprit pas, par les mêmes motifs qui avoient prévalu en 1790.

On ne les trouve pas non plus parmi ceux que la loi du 17 juillet 1793 a supprimés sans indemnité et dont elle a donné les noms dans le plus grand détail. Cependant ses rédacteurs avoient sous les yeux les réclamations de plusieurs tréfonciers du Loiret.

De l'ensemble de ces loix, il s'ensuit évidemment que les droits de gruerie n'ont été frappés par aucune de celles qui ont aboli les droits féodaux. La question de leur suppression a fait deux fois l'objet de discussions particulières. Inscrits au projet d'une de ces loix, rayés ensuite dans la loi définitivement adoptée; cette radiation est pour eux un titre de conservation. On ne peut plus dire que l'expression générale de tous droits, toute prestation quelconque, les enveloppe dans une suppression postérieure.

Si l'on ajoute qu'au milieu de cette proscription d'un aussi grand nombre de droits, une loi positive les déclare existans et s'occupe de l'administration des bois qui y sont sujets, il ne peut plus rester de doute que cette loi, non révoquée par les subséquentes, doive recevoir son exécution. Conséquemment les tréfonciers n'ont aucun moyen valide de se refuser à l'exercice de droits qui n'ont pu être supprimés par leur nature, qui ne le sont pas par le fait, et qui sont conservés par une loi formelle.

Celui de tiers-denier n'a pas plus que ces droits le caractère de la féodalité. J'ai fait voir que les communes, formées à une époque où tous les bois, non possédés par des individus, faisoient partie du domaine du souverain ou des grands propriétaires, n'avoient pu en obtenir qu'au moyen des concessions que ceux-ci leur en avoient faites. Ce principe est d'autant plus vrai pour la Lorraine, qu'il est notoire qu'elle a été entièrement dévastée et dépeuplée par les guerres les plus longues et les plus sanglantes, sous le règne de Louis XIV. Des familles, des communes entières disparurent, et leurs propriétés restées sans possesseurs légitimes, se trouvèrent réunies au domaine du souverain. P. v. de la réformation de 1685.

On a vu encore, par les ordonnances anciennes de ce pays, que toutes les concessions de bois qui ont été faites aux communes, ne l'ont été qu'*à titre d'usage seulement*, *pour leur affouage et leurs besoins*. Il leur fut défendu d'en couper au-delà, et d'en vendre sous peine de confiscation.

Or, que disent les loix des 28 mars 1790 et 28 août 1792? La première abolit le droit sur les bois dont les communes sont propriétaires, et le conserve sur ceux dont elles ne sont qu'*usagères*. La seconde oblige les ci-devant seigneurs à représenter le titre primitif de concession de l'usage, portant la réserve du droit.

Ces dispositions se conçoivent difficilement; car si les communes sont propriétaires, elles ne doivent et n'ont jamais dû aucun droit. Si elles ne sont qu'usagères, elles ne peuvent rien prétendre au-delà de leurs besoins, à moins d'un titre ou d'une possession particulière : si non, quand leurs besoins sont remplis, le taillis, comme la futaye, sont à la disposition du propriétaire. C'est à son profit seul que se font les ventes, l'usager n'y prend rien. Si le titre primitif de concession de l'usage est représenté, s'il ne contient pas la réserve du tiers-denier, le ci-devant seigneur ne pourra pas l'exiger, sans doute, mais il réduira les communes à leurs usages, conformément au titre, et les communes ne pourront pas prétendre dans le prix des ventes, une portion que ce titre ne leur donneroit pas. La loi leur accorderoit moins que ce dont elles jouissent.

Prétendroit-on que dans le cas où le seigneur ne représenteroit pas de titre d'usage, la loi auroit entendu déclarer les communes propriétaires? On ne peut pas le supposer, puisque les communes en général n'ont ni titre, ni possessions, ou plutôt qu'il existe une possession contraire. En effet, elles n'ont joui que comme usagères, du moins depuis l'ordonnance de 1506; elles n'ont eu de bois que pour leurs besoins. La justice se refuse à ce qu'on leur donne une propriété qu'elles n'ont jamais ni eue, ni même reclamée.

J'ajoute que la loi de 1792 n'impose qu'aux seigneurs l'obligation de représenter ce titre d'usage, et non au souverain. Je l'ai dit, et je le répète, les loix solemnellement rendues forment son titre, sur-tout quand elles interviennent sur les demandes des états du pays. Lorsque dans une loi de ce genre, un souverain déclare un fait, lorsque les réglemens promulgués par cette loi, reçoivent leur exécution sans trouble, pendant près de trois cents ans, il ne peut y avoir de titre plus authentique et plus stable.

Le corps législatif a lui-même, en quelque sorte, consacré cette maxime, par les loix qu'il a rendues sur le fait des domaines engagés. L'époque de la réunion d'anciennes provinces à la France a été pour lui une barrière respectable.

Il n'a pas permis qu'on appliquât aux possesseurs des domaines dans ces provinces, d'autres loix que celles sous l'empire desquelles ils avoient contracté avant cette réunion. Il a regardé comme solide et légal, tout ce qui l'avoit précédée. Voici ce que porte notamment l'art. II, de la loi du 14 ventôse an 7 : « En ce qui concerne les pays » réunis postérieurement à la publication de l'édit » de février 1566, les aliénations de domaines » faites avant les époques respectives des réu- » nions, seront réglées *suivant les loix lors en* » *usage* dans les pays réunis. »

La réunion de la Lorraine à la France est du dernier siècle. Ce pays avoit ses loix pour l'administration de ses domaines et de ses forêts. Celles en vigueur pour les bois des communes, ne leur reconnoissoient qu'une possession usagère, qu'une part dans le prix des bois qui excédoient leurs besoins, et non une propriété. Ces loix sont donc le titre qui règle la nature et l'étendue des droits que les communes peuvent avoir sur ces bois.

Ils étoient, ils doivent être encore le véritable domaine public; les communes n'en sont qu'usagères; le titre est précis et répété de siècle en siècle; la possession est antique et constante; les loix de 1790, 1792 et 1793, n'ont donc rien qui s'oppose à ce que la perception du droit de tiers-denier soit rétablie.

RÉSUMÉ.

« De certains droits, dit Montesquieu (Esp. » des loix, tom. IV, p. 37), levés dans la » seconde race, ont été, par quelques hasards et » *par de certaines modifications*, *convertis en d'autres*; » quelques auteurs en ont conclu que ces droits » étoient *le cens des Romains*, et comme, depuis » les réglemens modernes, ils ont vu que le do- » maine de la couronne étoit absolument inalié- » nable, ils ont dit que ces droits qui représen- » toient le cens des Romains, et qui ne forment » pas une partie de ce domaine, étoient de *pures* » *usurpations* ».

Ce peu de lignes contient toute l'histoire des droits de gruerie, tiers et danger, et autres sembla- bles. Sous Charlemagne on payoit un cens pour les usages dont ce prince permettoit la jouissance dans ses forêts. Tout porte à croire qu'il faisoit partie du revenu de ses successeurs. L'on voit en- core que par la suite on établit, pour les forêts, des gardiens, auxquels on accorda certaines rétri- butions, telles que les peines pécuniaires qu'ils prononçoient contre ceux qui abusoient des usages.

Ces *droits levés* sur les usagers, n'étoient pas *le*

cens des Romains; ce n'étoient pas des droits fiscaux (*idem*, p. 38), mais purement économiques, des redevances uniquement privées, faisant partie du domaine de la couronne. Ils ont été, *par de certaines modifications, convertis en d'autres*, c'est-à-dire, en ceux de gruerie.

Ce ne fut pas immédiatement, mais par des *modifications* successives que cette conversion s'opéra. Les usages furent convertis en co-propriété, et le cens dans une part des fruits. Aucun titre antérieur, à la fin du 12e. siècle, ne parle des droits de gruerie, grairie, ni autres semblables. Lorsqu'en 1180, Philippe-Auguste parvint au trône, il trouva ses forêts grévées de concessions nombreuses, et faites à des conditions respectivement gênantes. L'ancien cens faisoit presque encore leur unique produit. Elles étoient administrées par les châtelains, vicomtes ou viguiers, *castellani*, *vicecomites* ou *vicarii*, qui avoient succédé aux *judices* ou *majores* de Charlemagne. Il en ordonna la réformation.

Pour anéantir cette clause bizarre, qui exigeoit le consentement réciproque du donateur et des concessionnaires, avant qu'on pût faire des ventes dans les forêts concédées, on transigea; et la clause, ainsi que les droits résultans de la concession, furent convertis dans une co-propriété, accompagnée d'un partage dans le prix des ventes.

Saint-Yon et Brussel ont entrevu cette origine;

l'un dans les concessions des forêts du domaine, à titre d'héritage perpétuel; l'autre dans les permissions d'y faire des ventes.

Leur opinion est fortifiée par toutes les chartes et les jugemens que j'ai cités. Si la plupart ne concernent que des ecclésiastiques, ils annoncent le droit commun du temps; ils prouvent que la propriété de ces forêts appartenoit aux donateurs : toutes les chartes disent, *meæ silvæ*, *mea nemora*, *meæ forestæ*. Or, les bois en grurie possédés par les domaniers particuliers font partie de ces mêmes forêts. Les commissaires réformateurs de celle d'Orléans, en 1669, disent avoir vu les anciens titres des principaux domaniers, tant des communautés ecclésiastiques, que des seigneurs de fiefs, et que ces titres se joignent à l'histoire et à la tradition, pour attester que les droits de grurie dérivent de semblables concessions. Tout s'accorde à démontrer que cette forêt étoit le patrimoine de nos premiers rois; qu'elle formoit un seul massif de bois, qui n'a été si considérablement diminué que par des établissemens dûs à leur bienfaisance.

A quel titre les particuliers jouissent-ils donc de quelques portions de ces forêts, si ce n'est en vertu des concessions qu'ils ont eux-mêmes obtenues du propriétaire originaire ? et sur quel fondement réclameroient-ils des exceptions ? Les donateurs n'avoient pas de motifs pour les favoriser plus que les églises. La piété qui leur dictoit ces bienfaits en faveur de celles-ci, les rendoit même plus généreux à leur égard, que pour les laïques.

C'est à la même époque que ce nouvel ordre de choses commence dans toutes les forêts. Autant les actes antérieurs à Philippe-Auguste gardent le silence sur les droits de gruerie, autant ceux qui en parlent sous son règne et sous celui de ses successeurs, deviennent communs. Ainsi même temps, mêmes lieux, même propriété originaire; de-là, à penser que les titres des uns doivent recevoir leur application aux possessions des autres, la conclusion est forcée. Tous ces bois, dans cette longue descendance de siècles, arrivent jusqu'à nous, avec les mêmes indices, marqués du même cachet; tous, et les divers propriétaires et les droits divers, doivent être rangés dans la même cathégorie. Il est impossible de se refuser à une identité, qui perce si clairement pour tous, au travers des nuages dont ils sont enveloppés.

Ces droits ne dérivent point d'une rétribution exigée pour la permission de posséder ou de planter des forêts. Ce systême ne doit sa naissance qu'à une erreur dans laquelle sont tombés quelques auteurs, en appliquant aux forêts les mots *forestæ*, *forestarii*, employés dans les anciens capitulaires.

Avant le 12e. siècle, ils ne désignoient que les garennes

garennes et pêcheries et leurs gardiens. Les mots *silvæ*, *nemora*, *bosci*, étoient les seuls employés pour dénommer les forêts. Une foule de capitulaires attestent la faculté qu'avoit tout individu d'en posséder : les défenses qu'ils font ne s'appliquoient qu'aux garennes, dont la trop grande multiplicité nuisoit à l'agriculture.

Ils ne sont point le prix d'une protection, encore moins des avoueries; ils ne sont énoncés dans aucunes lettres de ce genre; et il n'y a pas d'exemple que ces sortes de contrats, si communs pour les églises, aient jamais eu lieu pour des particuliers laïqu es.

Ils ne proviennent point du droit féodal. Pas une loi, pas une charte, pas un acte; rien, en un mot, ne prête à cette idée. Les tréfonciers ne font valoir que des présomptions, ne citent que des auteurs, ou qu'ils ont mal-entendus, ou qui n'avoient pas approfondi la matière.

Mais, de ce que ces droits ont une concession de fonds pour principe, il ne faut pas les confondre avec ceux de terrage et de champart. Les donateurs n'ont aliéné qu'une partie de la propriété : les droits de gruerie sont représentatifs de l'autre. Le fonds n'a jamais cessé d'être une copropriété indivise.

Les monumens qui consacrent, d'une manière textuelle, cette vérité, remontent presque à l'instant même où ce partage de fruits a commencé.

Dès 1376, Charles V rappelle aux domaniers qu'ils jouissent avec lui, *en personnerie par indivis*, et *qu'autrefois se faisoit ainsi en ce cas.*

L'ordonnance de Moulins déclare inaliénable *le fonds même des bois*, comme les coupes et les deniers qui en proviennent.

Charles IX, en 1561, rend un édit qui porte que *plusieurs bois et forêts lui appartiennent par indivis, à cause de son domaine et droit de gruerie.*

Plusieurs autres postérieurs ordonnent le partage du fonds de ces bois, et la vente des parts revenantes au souverain : d'autres ordonnent le rachat de ces portions vendues, considérées comme inaliénables. Tous reçoivent leur exécution, avec plus ou moins d'exactitude.

Enfin, l'ordonnance de 1669 n'établit qu'une administration commune pour ces bois et pour ceux indivis; par-tout elle les réunit dans les mêmes articles. Quelle preuve veut-on de plus de cette co-propriété ? Quel titre faut-il, si des loix aussi anciennes, aussi solennelles, aussi positives ne suffisent pas ?

Des arrêts du conseil n'ajouteront rien sans doute à leur poids; ils seront du moins un témoignage de plus de l'opinion qui s'est constamment soutenue sur cette co-propriété. Deux de ces arrêts des 22 juillet 1749 et 15 septembre 1770, ont ordonné la vente d'anciens baliveaux, sur trois mille cinq cents arpens de bois tenus en gruerie, dans le département de l'Aube, et que *les co-propriétaires* recevroient leur part du prix de cette vente, chacun suivant leurs titres.

C'est donc avec raison, et en grande connoissance de cause, que ces droits, compris d'abord comme féodaux, dans le projet d'une des loix qui ont supprimé ces derniers, en ont été rayés : c'est à juste titre qu'ils sont nommément rappelés et conservés, par deux articles d'une de celles rendues pour l'administration des forêts.

Que demandent donc les tréfonciers ? La république leur fera-t-elle le sacrifice d'une propriété que, ni partage, ni contrat d'acquisition n'ont mise au rang des leurs, et qui doubleroit leur revenu sans bourse délier ?

Il n'est point de produit médiocre pour elle. Le plus naturel, le moins onéreux pour le peuple, est celui qu'elle retire de ses domaines. L'abandon, le sacrifice qu'elle feroit de ces droits exigeroit un remplacement, seroit la cause d'une surcharge, et le riche seroit enrichi aux dépens du pauvre.

SUPPLÉMENT.

RÉPONSE au Mémoire des Tréfonciers de la forêt d'Orléans, intitulé : Recherches historiques sur les prétendus Droits de *Gruerie, Grairie, Tiers et Danger.*

CET ouvrage touchoit à sa fin, lorsque les tréfonciers ont fait imprimer et distribuer un mémoire au soutien de leurs prétentions. Ce mémoire fourmille d'erreurs si évidentes, qu'on pourroit les traiter de volontaires. C'est ce que je vais démontrer le plus succinctement qu'il me sera possible. Ils disent :

Page 2. *Premièrement.* Que d'après l'article I du titre XXIII de l'ordonnance de 1669, ces droits *ne* consistent *que* dans la justice, etc.

Réponse. L'ordonnance ne contient pas ces expressions limitatives. Elle dit : *En tous les bois*, etc., *la justice et tous les profits*, etc., *nous appartiennent.*

Idem. Deuxièmement. Que par l'article II, la part et portion que le roi *prend* dans le prix des ventes, n'est point un droit, mais un *usage*, une exaction, une servitude, un acte de despotisme, qu'on ne se donne pas même la peine de masquer.

Réponse. L'article porte : Les parts et portions que nous prenons..... seront perçues.... suivant l'ancien usage de chacune maîtrise. Comme ces portions varioient *suivant l'usage* de chaque maîtrise, l'ordonnance ne les a pas fixées ; mais elle a renvoyé à *cet usage*. Voilà d'où les tréfonciers concluent que ce droit n'est qu'un *usage*.

C'est avec tout autant de justesse qu'ils interprêtent les mots : *Nous prenons*. Comme si la perception de droits que, dès 1268, Saint Louis donnoit en apanage à son fils, étoit, en 1669, l'action d'un despote.

Ces deux articles désignent les deux choses qui constituent la grueric, et que les tréfonciers ont sans cesse confondues ; la première, la justice et ses profits ; la seconde, le droit utile et foncier.

Idem. Troisièmement. L'article VIII distingue les droits de grueric de ceux de propriété par indivis.

Réponse. Les divers articles de cette ordonnance ne font point cette distinction ; ils sont la suite des dispositions de celles de 1376, 1561 et 1566 : ces ordonnances disent positivement, que ces droits constituent une co-propriété, une *personnerie* par indivis.

P. 5. *Quatrièmement.* Ils citent un arrêt du parlement de Paris, qui a adjugé ces droits à un seigneur, par le seul principe féodal de l'enclave.

Réponse. Ou l'arrêt a jugé sur des titres particuliers, ou il a mal jugé. Jamais ce principe n'a été invoqué pour les droits de gruerie.

P. 6. *Cinquièmement.* Ils prétendent que ces droits compris dans le projet de la loi du 25 août 1792, n'en ont été rayés qu'à l'instigation des agens du fisc et des forêts.

Réponse. Le comité des domaines avoit demandé des renseignemens sur ces droits : les agens du fisc et des forêts, constitués par la loi pour défendre les intérêts du domaine, n'ont fait que leur devoir en éclairant le comité ; il n'y a ni surprise, ni instigation.

P. 7. *Sixièmement.* Les produits des droits de gruerie ne sont tout au plus aujourd'hui qu'un objet de 58,000 liv. de revenu.

Réponse. J'observerai d'abord que les réformations sont remplies de reproches contre les officiers des maîtrises, dont la connivence avec les tréfonciers faisoit perdre des sommes considérables au domaine. On voit dans celle de 1669, que tels bois en gruerie étoient vendus, à l'enchère, 3 liv.

l'arpent, qui l'étoient le lendemain, de gré à gré, jusqu'à 300 liv.

L'estimation à raison d'une année sur dix, n'a jamais été bien exacte. J'ai dit que ces droits avoient donné, pour l'an 6, un produit de 108,000 liv. dans la seule forêt d'Orléans; celui des années 7, 8, 9 et 10, s'est élevé à 91,000 liv. environ pour chacune. Cette diminution provient de ce que l'indécision sur le sort de la gruerie a empêché beaucoup de ventes, et facilité les moyens d'en faire quelques-unes en fraude.

P. 8. *Septièmement.* Le sens des mots *forestæ* et *forestarii*, ne peut plus être douteux. Le premier ne s'appliquoit nullement aux bois; le second ne désignoit que les hommes des chasses.

Rousseau commence son recueil des ordonnances, par celle de 1280, qui charge les *forestiers* de faire les délivrances aux usagers. Il dit que ce sont les plus anciens officiers des bois et forêts; mais que *leur première institution, autorité et fonction, a été pour les chasses.*

L'article X du capitulaire *de villis*, les met au nombre des préposés subordonnés à l'officier nommé *judex*, qui étoit chargé de l'administration générale des biens de campagne du prince. Il ne désigne pas en particulier leurs fonctions; mais l'article XVIII de celui de 813, les indique clairement. *De forestis, ut forestarii bene illas defendant;*

simul et custodiant bestias et pisces. Les forestiers étoient donc uniquement les gardiens des garennes et pêcheries, des bêtes et des poissons.

Le *judex* avoit nommément la charge de visiter les forêts, afin de déclarer chaque année aux kal. de septembre, s'il y auroit ou non ouverture à la dépaissance (art. XXV). Il les faisoit garder par les mayeurs, qui devoient chaque jour (art. XXVI) faire le tour de leurs arrondissemens, et pourvoir à leur sûreté. De plus, ceux-ci et leurs hommes, *majores nostri, aut homines illorum* (art. XXXVI), avoient, ainsi que le *judex*, le droit d'envoyer leurs porcs dans les forêts, et il leur étoit recommandé à tous d'en payer exactement la dixme. On ne voit rien de semblable pour les forestiers. Les juges, les mayeurs et leurs hommes, étoient alors les seuls administrateurs des forêts.

Ils ont fait place aux vicomtes, viguiers et châtelains, dont nous trouvons si fréquemment les noms dans nos anciennes ordonnances; mais dont l'origine est bien antérieure.

Les sénéchaux ordinaires ont eu aussi le même emploi. Outre le sénéchal du palais, il y en avoit d'autres appelés *senescalli communes : non armentis, sed totius domui rusticæ præfuisse leguntur.* (Brussel, d'après Ducange, tome I, p. 497.)

Dès 1194, on voit ces administrateurs nommés *gruarii*, puis *magistri*, etc. Comme les garennes étoient souvent situées dans les forêts, on aura chargé les forestiers de la garde de celles-ci, de même que l'ordonnance de 1318 en chargea les veneurs ; mais les noms seuls de gruyers et de maîtres, leur sont définitivement restés.

P. 9. *Huitièmement.* Il est si peu vrai que *les forêts n'étoient administrées anciennement que sous le rapport des chasses*, que les capitulaires contiennent plusieurs dispositions répressives des abus commis dans les forêts.

Celui *de villis* recommandoit d'empêcher qu'on y fît des défrichemens.

Un autre traite *de materiamine vel lignis furatis* (*in silvâ*). Il condamne, en ce cas, à une amende de 15 sols. (Tome I, col. 50, art. LXXVI.)

Un troisième, col. 124, traite *de materiis non elevatis.* Il condamne ceux qui auront tronqué ou mutilé des bois préparés, non enlevés des forêts, à remplacer la pièce de bois par une autre, et à une amende d'un sol.

Un quatrième, col. 83, porte : *Si quis buricas in silvâ tam porcorum, quam pecorum incenderit, viginti duos solidos componat.*

Ce peu d'exemples suffit pour démontrer que les forêts étoient administrées sous le rapport même de la police et de la conservation des bois.

P. 12 et 16. *Neuvièmement.* Ils disent que les droits de gruerie n'ont été établis qu'à l'imitation de celui de tiers et danger en Normandie.

Réponse. On trouve, dès 1213, la trace des droits de gruerie dans la forêt d'Orléans; et l'on ne voit celle du tiers et danger (je ne dirai pas qu'en 1315, date de la charte de Louis Hutin) mais qu'en 1287, date de l'arrêt de Toussaint, dont j'ai parlé.

Il faut lire beaucoup avant d'assurer des faits chronologiques.

P. 12. *Dixièmement.* Selon eux, par son édit de 1673, Louis XIV, en déclarant que le droit de tiers et danger, n'étoit ni royal, ni universel, fut obligé de convenir qu'il étoit féodal.

Réponse. Cet édit ne se sert nullement de cette expression : *Déclarons que ledit droit de tiers et danger... n'est royal, général, ni universel, mais qu'il nous appartient comme faisant partie de nos domaines.* Telles sont ses propres termes.

On peut interprêter une loi à sa guise; il n'est pas permis de l'altérer.

P. 16. *Onzièmement.* L'art. VI du tit. I de la loi du 29 septembre 1791, a déclaré que les bois des particuliers cesseroient d'être soumis au régime forestier. Cette disposition, disent-ils, *équivaut à dire qu'ils cesseroient d'être en gruerie.* Car il est de fait, selon eux, que les propriétaires des bois francs de gruerie, avoient le droit de les administrer et d'en disposer à leur volonté. Donc ce n'est pas à eux que cet art. VI s'applique, mais aux possesseurs de bois en gruerie.

A l'appui de ce raisonnement, ils citent une décision du ministre de la justice, qui a pensé qu'on ne pouvoit pas empêcher un particulier de couper un bois dont il est propriétaire, *par la raison que ces bois dépendoient autrefois d'une grairie.*

Ils ne se dissimulent même pas la teneur de l'art. III du même titre, et du titre XI de la même loi, qui veulent que les bois de gruerie soient soumis au régime forestier, et administrés comme les autres bois nationaux. Ils feignent de croire que ces dispositions ne sont là que par rapport aux bois de gruerie des main-mortes, et pour assurer le remboursement de l'indemnité qui seroit due par les particuliers contre lesquels on auroit rapporté un titre.

Réponse. Cette objection est assaisonnée d'un ton de gaîté tout-à-fait aimable. Laissons-leur cet avantage : une plaisanterie ne fait pas un bon raisonnement.

Le leur péche d'abord par le principe : il n'est pas vrai que les propriétaires des bois francs de gruerie, eussent le droit de les administrer et d'en disposer à leur volonté. L'ordonnance de 1669 contient un titre exprès sur leurs bois, c'est le XXVIe. Je me bornerai à les prier de le lire, ainsi que les réglemens postérieurs, qui y ont ajouté des dispositions plus étendues, telles que la défense de défricher les bois sans permission.

En troisième lieu, il est dérisoire de vouloir

persuader que le seul objet de ces mêmes dispositions, quant à ces mêmes bois appartenans à des particuliers, étoit d'assurer le paiement de l'indemnité, comme si les bois et le sol n'étoient pas toujours là pour en répondre.

En quatrième lieu, ils n'ont pas conçu le sens de la décision du ministre de la justice. Sans doute on ne peut pas aujourd'hui empêcher un particulier de disposer de ses bois, *par la raison qu'ils dépendoient autrefois d'une gruerie.* Mais cela veut dire qu'ils dépendoient de la jurisdiction d'une gruerie, et non pas qu'ils étoient assujettis à des droits de gruerie : ils confondent encore ici la justice avec le droit.

Mais on regrette le temps perdu à répondre à une objection aussi frivole.

P. 18. *Douzièmement.* Je ne dirai rien de l'opinion qu'ils rapportent du citoyen Bezard; un avis ne fait pas une loi. D'ailleurs cette matière n'a jamais été éclaircie. Sans me flatter de l'avoir portée au dernier degré d'évidence, j'espère du moins l'avoir mise dans un jour, où jusqu'ici personne ne l'avoit encore montrée. Les détails auxquels mes recherches m'ont conduit, me paroissent détruire le reste du mémoire des tréfonciers; peut-être pourront-ils faire prendre, de ces droits, une opinion différente à ceux qui jusqu'ici les ont crus dignes de la proscription.

NOTES.

(*a*) P. 8. LE mot générique n'étoit pas *ager*, mais *solarium*. Celui d'*agraria* étoit connu anciennement ; il étoit employé (Capitul. de 560, art. XI, t. I, p. 8) pour signifier des prestations payées par les colons et les serfs de l'église, suivant l'estimation du juge. Celles dues pour les forêts, s'appeloient *censa*. On a donc voulu dire, par *grueria*, *gruagium*, ou même *graeria*, autre chose que ce qu'on entendoit par *agraria*.

(*b*) P. 15. De Laurière, dans ses notes sur l'ordonnance de 1333, cite la même pragmatique, qu'il croit être celle de la fondation de l'abbaye de S.-Vincent, depuis S.-Germain-des-Prés.

(*c*) P. 16. Ce compte porte en recette, 1,175 l. pour la forêt de Montargis, 1,112 l. pour celle de Dourdan, 1,300 l. pour celle de Lonie, 1,100 l. pour celle de Laigne, 3,100 l. pour le bois de Vincennes. Toutes ces forêts sont désignées par *nemora* et *bosci*. Il en est de même du bois de Boulogne, dans un compte de 1217 : son produit y est porté pour 1,100 l.

Philippe-Auguste avoit acheté depuis peu les bois de Vincennes et de Boulogne. Il fit clore le premier de murs. Le dernier s'appeloit Rouvroy, et fut nommé Boulogne, ainsi que le village qui le confine, à cause d'une chapelle qu'on avoit fait bâtir dans ce dernier lieu, en l'honneur de Notre-Dame-de-Boulogne, pour laquelle les Parisiens avoient une grande vénération.

(*d*) *Idem*. Je crois inutile de donner la série de ces actes;

Mes recherches m'ont conduit à m'assurer que, dans aucuns capitulaires, aucunes formules, aucunes chartes, on ne trouvera d'autres expressions, pour signifier les forêts, que celles de *silvæ* et *nemora*; que celles de *forestæ*, *forestum*, dans ces temps anciens, n'y sont employées que relativement aux garennes, chasses et pêcheries, et que ce n'est que dans le 12e. siècle, qu'on a commencé à s'en servir pour désigner les forêts. C'est un fait sur lequel je ne crains pas d'être contredit.

(*e*) P. 31. Hervé (t. V, p. 28 et 29) a pensé que cette dixme appartenoit au prince; mais l'art. VI du même capitulaire, ne permet pas d'être de son avis. *Volumus*, y est-il dit, *ut judices decimam ex omni conlaboratu pleniter donent ad ecclesias quæ sunt in fiscis nostris, et ad alterius ecclesiam nostra decima non fiat, nisi ubi antiquitus institutum fuit.* Cette dixme est certainement la même que l'art. XXXVI recommande aux juges de payer les premiers.

On peut voir encore l'ordonnance de Clot. II, art. XI, t. I, p. 8. *Agraria, pascuaria, vel decimas porcorum ecclesiæ.... concedimus.*

(*f*) P. 33. Daniel (Abrégé de l'hist. de France) dit que le roi Lothaire avoit un grand desir, après la mort de Hugues-le-Grand, de réunir à la couronne le comté de Paris, celui d'Orléans, et le duché de Bourgogne; mais qu'il craignit de mécontenter les autres seigneurs, en possession du droit de succéder, que ses prédécesseurs avoient laissé usurper.

(*g*) *Idem.* Les seigneurs de Mantes, Crécy, Corbeil, Montlhéry, Monfort, Lepuiset, etc. etc.

(*h*) P. 55. Extraits du procès-verbal de la réformation d'Orléans, en 1669.

Lors de la réformation faite en 1534, « les commissaires

» ont travaillé..... sur les actes ou mémoires des greffes, » rapports des anciens et plus notables des lieux, même » par l'inspection et les observations ou circonstances par» ticulières, dont il a fallu s'aider en plusieurs endroits, » faute de pièces et de connoissance certaine, réglant les » bornes et limites par-tout où besoin a été, avec exac» titude, *les parties intéressées présentes ou duement appelées.* » (Page 14.)

C'est avec ces précautions, que la ligne de gruerie a été tracée, par procès-verbal commencé en 1543 et terminé en 1552. (P. 18.)

« Dans les premiers temps, il y avoit si peu d'habitans » et de maisons dans la forêt, que, vû la facilité de la » garde, il n'y avoit qu'un seul gruyer à Vitry-aux» Loges. (P. 48.)

» On juge par l'histoire et par la tradition, comme *par* » *la lecture des anciens titres*, que les communautés ecclé» siastiques et *les principaux* usagers seigneurs de fief et » *possesseurs de bois en gruerie ont représentés*, qu'originai» rement toute l'étendue de la forêt étoit en plein bois, » d'un produit purement naturel, sans artifice ni plant de » main d'homme; mais qu'*à la fin des siècles* 11 *et* 1200, » *les rois commencèrent à souffrir qu'elle fût défrichée en* » *certains climats, qu'ils accordèrent à des religieux, par* » *piété, ou à des officiers de guerre, par inféodation; ce qui* » *s'est tellement augmenté dans la suite, tant par la libéralité* » *des princes et des ducs que par l'entreprise et usurpation* » *des particuliers*, que l'on compte présentement dans l'en» ceinte et le corps de la forêt, 4 abbayes, 6 prieurés et » monastères considérables, outre plusieurs chapelles et » maladeries, 2 commanderies, 6 villes, 75 bourgs ou » villages en corps de paroisses, et une infinité de hameaux, » châteaux, fermes et maisons particulières, en 20 lieues » d'étendue.

» Ce nombre de paroisses, de communautés et de mai-
» sons, a reçu particulièrement de nouveaux accroissemens
» par la vente faite de la moitié qu'avoit le roi, dans les
» bois en gruerie, et des terres vaines et vagues, ès années
» 1555, 1571, 1575 et 1602.

» Les mêmes titres des vassaux du duché et des usagers
» de la forêt par fondation, aumône, concession ou in-
» féodation, font aussi connoître que, dans les premiers
» établissemens, *les princes en tenoient dès-lors la pro-
» priété de telle importance*, qu'ils n'abandonnoient que les
» places vaines ou abrouties, et les terres en nature de
» labourage, sans comprendre que très-rarement et modé-
» rément en leurs dons, les fonds en nature de bois, pas
» même l'usage et chauffage, dont les droits n'ont été
» accordés que depuis 400 ans, et la plupart par con-
» cession pure, gratuite, pour aumône, ou en considé-
» ration de services, etc. » (P. 71 et suiv.)

Il ne faut pas perdre de vue que ces commissaires ne faisoient que l'office d'historiens : ils sont d'autant plus dignes de foi, que les droits de gruerie n'étoient pas contestés au fond ; qu'il n'étoit réclamé que des exemptions fondées sur des titres ou des circonstances particulières.

Lalande, sur l'art. LVIII de la coutume d'Oléans, pense, comme Saint-Yon, que les droits de gruérie doivent leur origine aux concessions que les rois ont faites du fonds d'une partie de leurs forêts.

FIN.

DE L'IMPRIMERIE DE STOUPE, AN XI.

ERRATA.

Page 4, *ligne* 2, un teinte; *lisez* une teinte.
Id., *ligne* 11, un manière; *lisez* une manière.
12, *ligne* 27, pourroit; *lisez* pouvoit.
13, *ligne* 17, *causa*; lisez *censa*.
26, *ligne* 5, les possesseurs connoissoient; *lisez* en connoissoient.
48, *ligne* 24, Jagré; *lisez* Jugré.
51, *ligne* 16, fût exigé; *lisez* ne fût exigé.
55, *ligne* 2, Elle a donc éprouvé; *supprimez* donc.
58, *ligne* 21, il oblige; *lisez* il obligea.
61, *ligne* 17, *ce qui en est*; lisez; *ce qui est en*.
Id., *lign.* 21 *et* 22, ordonnance; *lisez* ordonné.
71, *ligne* 15, l'ordonnance de 1464; *lisez* 1664.
81, *ligne* 1, telle qu'il nous la donne; *lisez* telle qu'ils nous la donnent.
87, *ligne* 6, employa; *lisez* emploie.
Id., *ligne* 10, *après* le 11e. et le 12e., *ajoutez* siècle.
91, *ligne* 12, l'aliénabilité; *lisez* l'inaliénabilité.

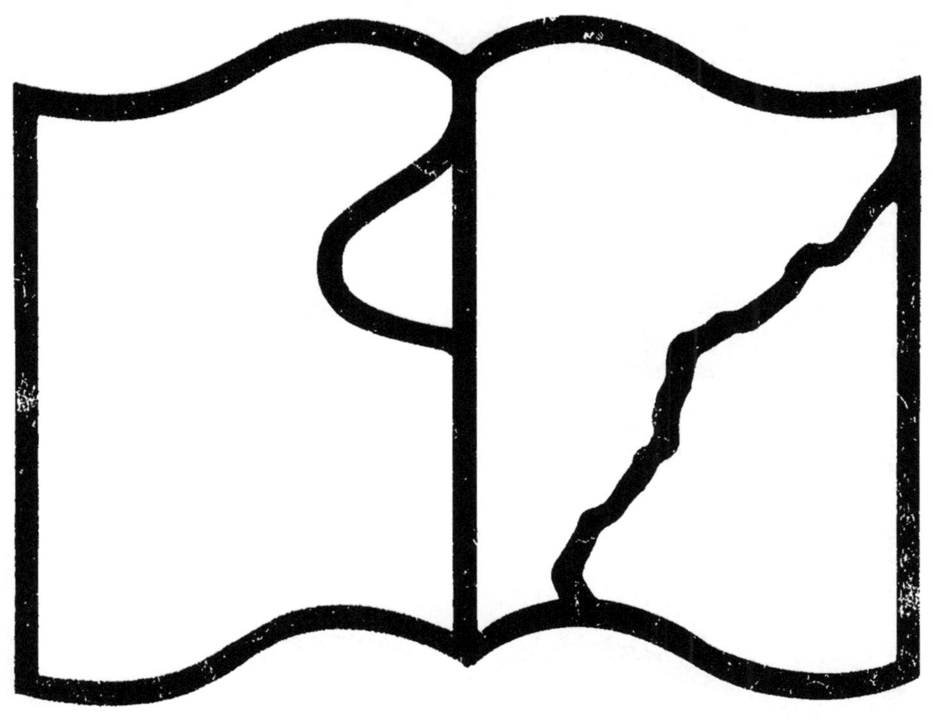

Texte détérioré — reliure défectueuse

NF Z 43-120-11

Contraste insuffisant

NF Z 43-120-14

www.ingramcontent.com/pod-product-compliance
Ingram Content Group UK Ltd.
Pitfield, Milton Keynes, MK11 3LW, UK
UKHW021101200726
13857UKWH00003B/1052

9 782011 946614